**Bernard Ksiazek**



# Wort-Bild-Karten Mathematik 7/8

**Begriffe und Zusammenhänge auf einen Blick für sprachlich schwache Schüler und Nicht-Muttersprachler**

Auer

**Abbildungsverzeichnis:**

S. 6: Geodreieck © pico / stock.adobe.com
S. 11: Thermometer ©vladischern / Fotolia
S. 44/45: Zinsen © thithawat / stock.adobe.com
S. 51: Schlüssel © Thomas Söllner / stock.adobe.com
S. 52: Tetrapack Milch © rdnzl / stock.adobe.com
S. 52: Zuckerwürfel © chones / stock.adobe.com

Wir haben uns für die Schreibweise mit dem Sternchen entschieden, damit sich Frauen, Männer und alle Menschen, die sich anders bezeichnen, gleichermaßen angesprochen fühlen. Aus Gründen der besseren Lesbarkeit für die Schüler*innen verwenden wir in den Kopiervorlagen das generische Maskulinum.

1. Auflage 2020


Covergestaltung: annette forsch konzeption und design, Berlin
Umschlagfoto: iStock: jaroon
Illustrationen: Steffen Jähde
Satz: Typographie & Computer, Krefeld
Druck und Bindung: Korrekt Nyomdaipari Kft
ISBN 978-3-403-**08254**-5
www.auer-verlag.de

# Inhaltsverzeichnis

Vorwort ... 4

**Mathematische Werkzeuge**
Zirkel ... 5
Lineal ... 5
Geodreieck ... 6
Taschenrechner ... 6

**Zuordnungen**
Zuordnungsvorschrift ... 7
Tabelle ... 7
zweifach, dreifach ... 8
proportional ... 8
Zweisatz ... 9
Dreisatz ... 9
antiproportional ... 10
nicht proportional ... 10

**Zahlen und Rechenarten**
Ganze Zahlen ... 11
Konto (Zustände) ... 11
positiv, negativ, Vorzeichen ... 12
Rationale Zahlen ... 12
Betrag ... 13
Gegenzahl ... 13
Division ... 14
Prozente ... 14
Promille ... 15
größer/kleiner/gleich ... 15
Bruch ... 16
Zähler/Nenner ... 16
Brüche erweitern ... 17
Brüche kürzen ... 17
Brüche multiplizieren ... 18
Brüche dividieren ... 18

**Geometrie in der Ebene**
Winkel ... 19
Winkelarten ... 19
Nebenwinkel ... 20
Scheitelwinkel ... 20
Stufenwinkel ... 21
Wechselwinkel ... 21
Figuren ... 22
Dreieck ... 22
Dreiecksarten ... 23
Mittelsenkrechte ... 23
Winkelhalbierende ... 24
Höhenschnittpunkt im Dreieck ... 24
Schwerpunkt im Dreieck ... 25
Kongruenzsätze für Dreiecke ... 25
Quadrat ... 26
Raute/Rhombus ... 26
Drachenviereck ... 27
Trapez ... 27
Winkelsumme ... 28
Kreis ... 28
Radius und Durchmesser ... 29
Halbkreis ... 29
Thaleskreis ... 30
Inkreis ... 30
Umkreis ... 31
Koordinatensystem ... 31
längentreue, winkeltreue Abbildung ... 33
Spiegelachse, Symmetrieachse ... 32
Achsenspiegelung ... 32
Konstruieren ... 33

**Algebra**
Term ... 34
Variable ... 34
Termwert ... 35
Rechenbaum ... 35
gleiche Terme zusammenfassen ... 36
Terme ausmultiplizieren ... 36
Terme ausklammern ... 37
Potenz ... 37
Produktsumme auflösen ... 38
Binomische Formeln ... 38

**Gleichungen und Ungleichungen**
Gleichung ... 39
wahr/falsch ... 39
Gleichungen umformen ... 40
Gleichungen lösen ... 40
Ungleichung ... 41
Ungleichungen lösen ... 41

**Prozent- und Zinsrechnung**
Grundwert ... 42
Prozentwert ... 42
Prozentsatz ... 43
vermehrter Grundwert ... 43
verminderter Grundwert ... 44
Kapital ... 44
Zinssatz ... 45
Zinsen ... 45
einfacher Zins ... 46
Zinseszins ... 46

**Geometrie im Raum**
Körper ... 47
Körperhöhe ... 47
Prisma ... 48
Pyramide ... 48
Grundfläche ... 49
Mantelfläche ... 49
Körpernetz ... 50
Körperansichten ... 50

**Messen**
Umfang ... 51
Längeneinheiten umrechnen ... 51
Flächeneinheiten umrechnen ... 52
Volumeneinheiten umrechnen ... 52
Verhältnis ... 53
Maßstab ... 53

**Funktionen**
Funktionsgraph ... 54
Funktionsgleichung ... 54
Wertetabelle ... 55
Steigung ... 55
Schnittpunkte mit den Achsen ... 56
lineare Funktion ... 56

**Statistik**
absolute Häufigkeit ... 57
relative Häufigkeit ... 57
Diagramm ... 58
Streifendiagramm ... 58
Säulendiagramm ... 59
Kreisdiagramm ... 59
Mittelwert ... 60
Median ... 60

# Vorwort

Mathematik kommt ohne Sprache nicht aus, auch wenn Kinder mit Migrationshintergrund sich gerade im scheinbar sprachfreien Mathematikunterricht (beispielsweise beim „Päckchenrechnen") eine Entlastung von den sprachlichen Anforderungen des Schulalltags erhoffen.

Eine große Anzahl von Schüler*innen in Deutschland verfügt nur über geringe Sprachkompetenzen oder ist aufgrund von Migration nicht Muttersprachler*in.

Die Herausforderung besteht darin, diese Kinder und Jugendlichen zu fördern und schnell in den Regelunterricht zu integrieren. Neben dem Erwerb der deutschen Sprache benötigen die Schüler*innen auch die fachlichen Grundlagen in Mathematik, ohne die die typischen Arbeitsweisen und Inhalte des Fachunterrichts nicht umgesetzt werden können.

Die vorliegenden Wort-Bild-Karten bieten eine Zusammenstellung von mathematischen Begriffen und Zusammenhängen auf einen Blick. Es handelt sich dabei um das Grundlagenwissen für Schüler*innen der Jahrgangsstufen 7 und 8.

Der Inhalt dieses Kartensets ist sprachsensibel aufgearbeitet, sodass der Spracherwerb der Kinder und Jugendlichen berücksichtigt wird. Zusätzlich bietet jede Karte einen „Anfängerteil", der vorwiegend ikonische Elemente beinhaltet, und einen „Profiteil", der die Schüler*innen an die Fachtermini heranführt und sprachlich anspruchsvoller gestaltet ist.

Nicht nur für mehrsprachige Schüler*innen stellen die sprachlichen Anforderungen im Fach eine große Herausforderung dar. Sprachliches Nichtverstehen kann den Prozess des Mathematisierens behindern oder sogar unmöglich machen. Von einem sprachsensiblen und sprachbewussten Unterricht, der sprachliches und mathematisches Lernen miteinander verbindet, können hingegen alle Schüler*innen profitieren. Hier bieten die Wort-Bild-Karten eine große Unterstützung. Sie können sie in allen Schulformen einsetzen.

Sie können die einzelnen Karten an die Tafel hängen oder zu einem Poster zusammenstellen. Sie können dann als Grundlage für einen Wortspeicher fungieren. Dies ist sowohl für Schüler*innen mit nicht deutschsprachiger Herkunft sinnvoll und effektiv als auch für die anderen Schüler*innen der Lerngruppe, deren Muttersprache Deutsch ist.

Es werden mathematische Inhalte zu mathematischen Werkzeugen (Zirkel, Geodreieck, Lineal und Taschenrechner) behandelt sowie zu allen fünf Leitideen der Bildungsstandards Mathematik:

- Zahl (Zahlen und Rechenarten, Algebra, Prozent- und Zinsrechnung)
- Form und Raum (Geometrie in der Ebene und im Raum)
- Messen (Umfang, Längen, Flächeninhalte, Volumen)
- Funktionaler Zusammenhang (Zuordnung, Gleichung, Ungleichung, Funktion)
- Daten und Zufall (absolute und relative Häufigkeit, Diagramme, Mittelwert und Median)

Viel Erfolg mit den Wort-Bild-Karten!

Bernard Ksiazek

# der **Zirkel**

| Anfänger | Profi |
| --- | --- |
| der **Zirkel**<br>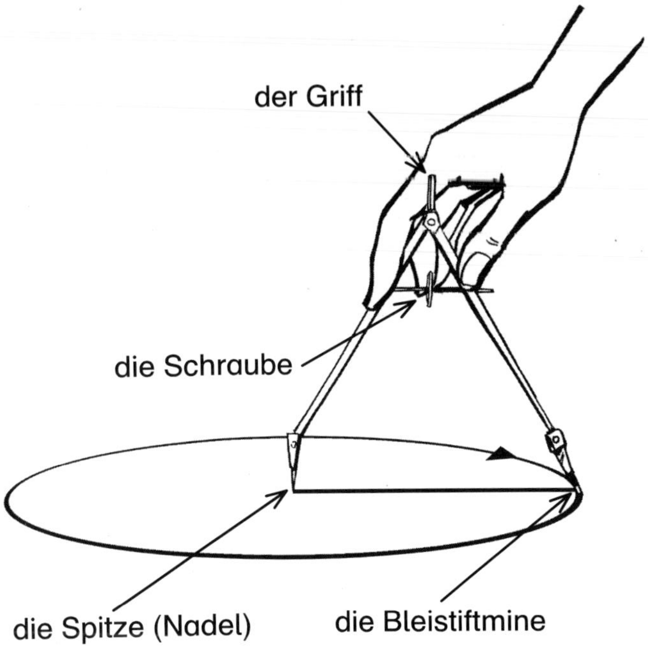 | Mit einem **Zirkel** kann man Kreise zeichnen:<br>Stelle die Größe (den Radius) des Kreises an der Schraube ein.<br>Fasse den Zirkel am Griff.<br>Stich die Spitze ein.<br>Drehe den Zirkel. |



# das **Lineal**

| Anfänger | Profi |
| --- | --- |
| das **Lineal**<br>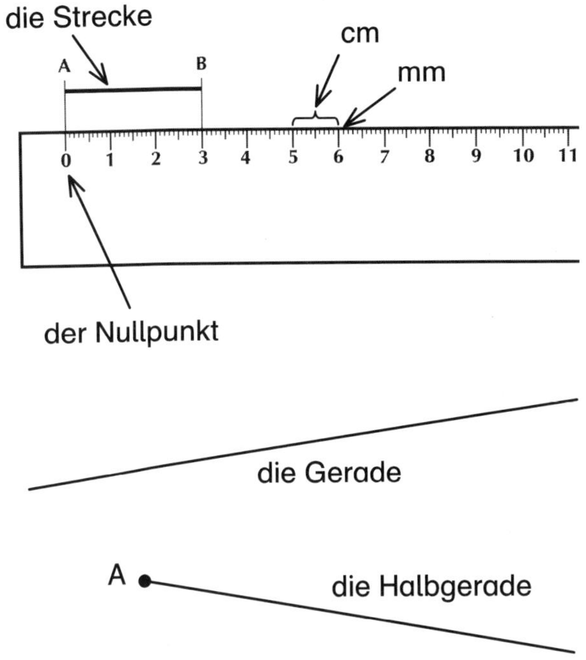 | Mit einem **Lineal** zeichnet man gerade Linien.<br>Eine Strecke ist eine Linie mit einem Anfangs- und einem Endpunkt. Man kann sie zeichnen und messen.<br>Eine Gerade ist eine Linie ohne Anfangs- und ohne Endpunkt.<br>Eine Halbgerade ist eine Linie mit einem Anfangspunkt. Sie besitzt aber keinen Endpunkt.<br>**Beachte:**<br>1. Beginne immer beim Nullpunkt.<br>2. Achte auf die richtige Einheit (cm oder mm). |

## das **Geodreieck**

| Anfänger | Profi |
|---|---|

### Anfänger

das **Geodreieck**

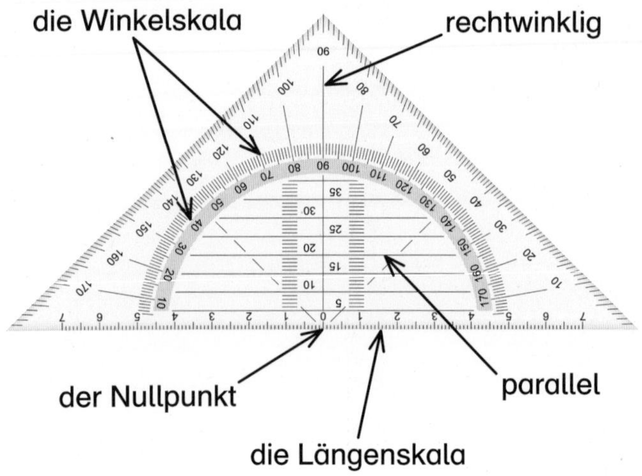


### Profi

Mit einem **Geodreieck** kann man zeichnen und messen:

- eine Strecke
- eine Gerade
- eine Halbgerade
- einen Winkel
- eine Senkrechte
- eine Parallele

## der **Taschenrechner**

### Anfänger

der **Taschenrechner**

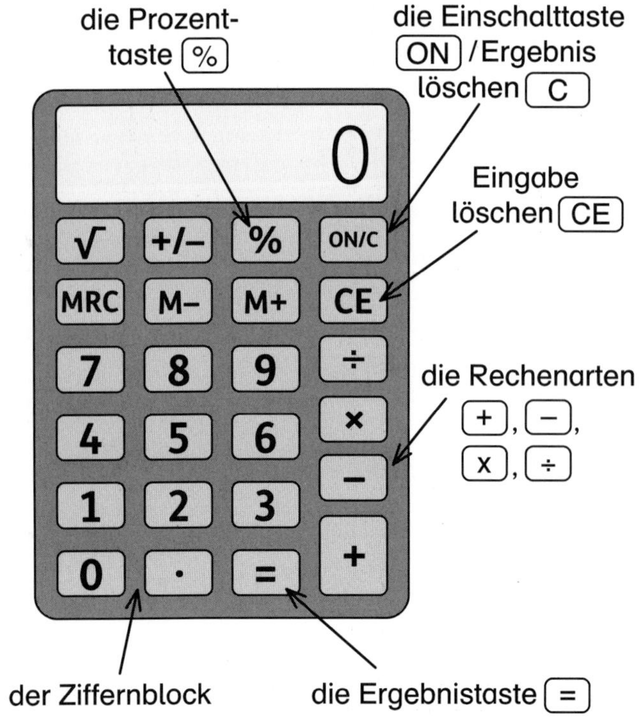


### Profi

Mit dem **Taschenrechner** kann man Aufgaben rechnen.

| **So geht es:** | Beispiel: |
|---|---|
| 1. Schalte den Taschenrechner ein. | ON |
| 2. Gib die Aufgabe über den Ziffernblock und die Tasten „Rechenarten“ ein. | 3 + 14 |
| 3. Drücke die Ergebnistaste. | = |
| 4. Lies das Ergebnis. | 17 |
| 5. Lösche das Ergebnis. | C |

**Beachte:**

x steht für „mal“ (·) und

÷ steht für „geteilt durch“ (:).

# die **Zuordnungsvorschrift**

### Anfänger

Ein Wert wird einem anderen Wert **eindeutig zugeordnet**.

Beispiel:

Eine Kugel Eis kostet 2 €.
Oder:
Einer Kugel Eis wird der zughörige Preis von 2 € zugeordnet.

**1** Kugel Eis → **2 €**

Drei Kinokarten kosten 24 €.
Oder:
Drei Kinokarten wird der zugehörige Gesamtpreis von 24 € zugeordnet.

**3** Kinokarten → **24 €**

→ **Gesprochen:** „wird zugeordnet“

### Profi

Eine **Zuordnung** wird mit einem Pfeil beschrieben:

→

Allgemeines Beispiel:

$x \to y$

**Gesprochen:** „x wird y **eindeutig** zugeordnet“

x = Ausgangswert/Ausgangsgröße
y = zugeordneter Wert/zugeordnete Größe

**Merke:**

Zuordnungen können **graphisch** darstellt werden.

# die **Tabelle**

### Anfänger

die **Tabelle**

die Spalte

die Zeile

| Lieblingsessen der 6a | |
|---|---|
| **Essen** | **Anzahl** |
| Pizza | 6 |
| Burger | 9 |
| Nudeln | 7 |

die Zelle

### Profi

Jede **Tabelle** besteht aus Zeilen und Spalten.

Die **Zeilen** verlaufen waagerecht/horizontal/ von **links nach rechts**.

Die **Spalten** verlaufen senkrecht/vertikal/ von **oben nach unten**.

Eine Zelle gibt einen Wert an für die Zeile und die Spalte, zu der sie gehört.

Beispiel:

Wer hat welches Lieblingsessen?

Die linke Spalte nennt die Gerichte (Pizza, Burger, Nudeln).

Die rechte Spalte nennt die Anzahl (Wie viele Personen haben dieses Gericht gewählt?).

Die markierte Zelle bedeutet: 7 Personen haben Nudeln als Lieblingsessen genannt.

# zweifach, dreifach

## Anfänger

1 Pizza kostet 7 €.

2 Pizzen kosten 14 €.

3 Pizzen kosten 21 €.

5 Pizzen kosten 35 €.

Oder:

**doppelte** Anzahl → doppelter Preis

**dreifache** Anzahl → dreifacher Preis

**zehnfache** Anzahl → zehnfacher Preis

## Profi

1 Pizza → 7 €

**zweifach:** $\mathbf{2} \cdot 1 \rightarrow \mathbf{2} \cdot 7$

**dreifach:** $\mathbf{3} \cdot 1 \rightarrow \mathbf{3} \cdot 7$

**x-fach:** $\mathbf{x} \cdot 1 \rightarrow \mathbf{x} \cdot 7$

# proportional

## Anfänger

Beispiel:

**Je mehr** Stifte du kaufst, **desto mehr** Geld musst du bezahlen.

Tabelle:

| **Stifte** | 1 | 2 | 3 |
|---|---|---|---|
| **Preis in €** | 2 | 4 | 6 |

Das Verhältnis bleibt gleich:

$$\frac{2}{1} = \frac{4}{2} = \frac{6}{3}$$

Der Preis ist 2 € je Stift.

Graphische Darstellung der Zuordnung:

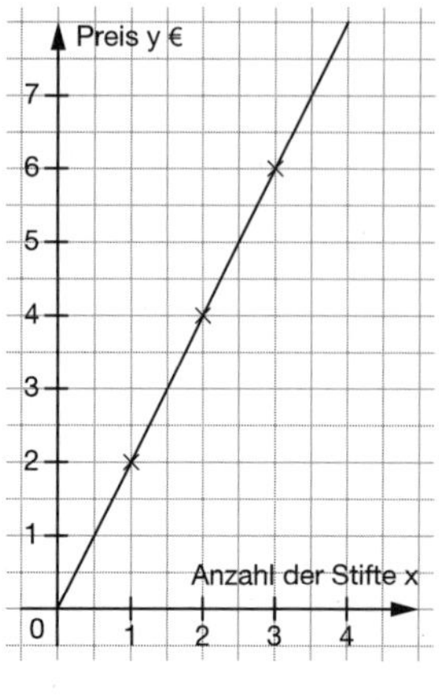


## Profi

Die **proportionale Zuordnung**:

Anzahl Stifte → Preis in €

$1 \rightarrow 2$
$2 \rightarrow 4$
$x \rightarrow y$ und $y = 2 \cdot x$

**„Je mehr** … (Ausgangswert x), **desto mehr** … (zugeordneter Wert).“

Das Verhältnis von y zu x ist immer gleich 2 € pro Stift.

$k = \frac{y}{x} = 2$ heißt **Proportionalitätsfaktor**.

Der Graph jeder proportionalen Zuordnung ist eine Gerade.
Die Gerade verläuft durch den Ursprung.

Die Steigung der Geraden ist k.

## der **Zweisatz**

| Anfänger | Profi |
|---|---|

Beispiel 1:

| | Karten | Preis (€) | |
|---|---|---|---|
| · 3 | 2 | 30 | · 3 |
| | 6 | ? | |

Rechnung 1 in zwei Schritten:

das Vielfache der Karten = **3**

30 € · **3** = 90 €

6 Karten kosten 90 €.

Beispiel 2:

· 4

| Zeit (h) | 1 | 4 |
|---|---|---|
| Strecke (km) | ? | 240 |

: 4

Rechnung 2 in zwei Schritten:

das Vielfache der Zeit = **4**

die Umkehrrechnung:

240 km : **4** = 60 km

In 1 Stunde werden 60 km zurückgelegt.

## der **Dreisatz**

| Anfänger | Profi |
|---|---|

| | Menge (l) | Preis (€) | |
|---|---|---|---|
| : 8 | 8 | 100 | : 8 |
| · 10 | **1** | **12,5** | · 10 |
| | 10 | 125 | |

der Zwischenschritt

**der Dreisatz** = Rechnen in drei Schritten

Nutze einen Zwischenschritt.

Mit dem Dreisatz lassen sich Proportionalaufgaben lösen.

Arten von Proportionalaufgaben:

- Die proportionale Zuordnung „Je mehr …, desto mehr …“
- Die antiproportionale Zuordnung „Je mehr …, desto weniger …“

# antiproportional

## Anfänger

Beispiel:

„**Je mehr** Bauarbeiter gleichzeitig arbeiten, **desto weniger** Zeit benötigen sie."

Tabelle:

| **Bauarbeiter** | 1 | 2 | 4 |
|---|---|---|---|
| **Zeit in Std.** | 8 | 4 | 2 |

Das Produkt ist immer gleich:

$8 \cdot 1 = 4 \cdot 2 = 2 \cdot 4 = 8$

Graphische Darstellung der Zuordnung:

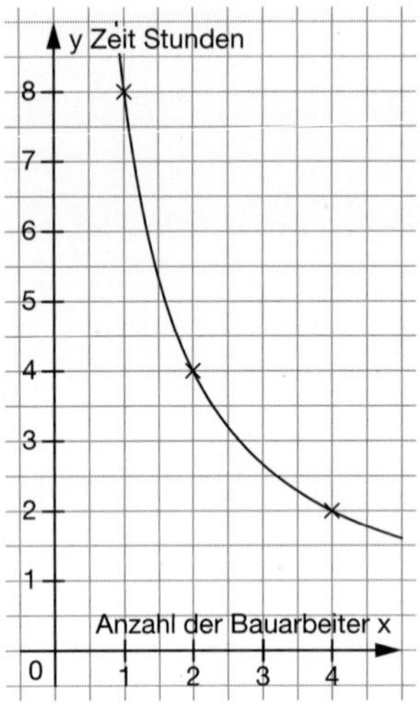


## Profi

Die **antiproportionale** Zuordnung:

Anzahl Bauarbeiter → Zeit

$1 \rightarrow 8$
$2 \rightarrow 4$
$4 \rightarrow 2$
$x \rightarrow y$ und $y = \frac{8}{x}$

„**Je mehr** … (Ausgangswert x), **desto weniger** … (zugeordneter Wert)."

Das Produkt von x und y ist immer gleich 8 Mannstunden.

$k = y \cdot x = 8$ heißt **Antiproportionalitätsfaktor**.

Der Graph ist eine Kurve.
Sie heißt Hyperbel.

# nicht proportional

## Anfänger

Beispiel:

Alter und Körpergröße

Bis etwa zum 20. Lebensjahr wächst ein Mensch, aber nicht gleichmäßig. Danach nimmt seine Körpergröße in höherem Alter ab.

Es gilt weder „je älter, desto größer" noch „je älter, desto kleiner".

## Profi

Es gibt Zuordnungen, die weder proportional noch antiproportional sind.

Es gilt **weder**

„Je mehr … (Ausgangswert x), desto weniger … (zugeordneter Wert)."

**noch**

„Je mehr … (Ausgangswert x), desto weniger … (zugeordneter Wert)."

# die **ganzen Zahlen**

## Anfänger

Beispiele:

..., –3, –2, –1, 0, 1, 2, 3, ...

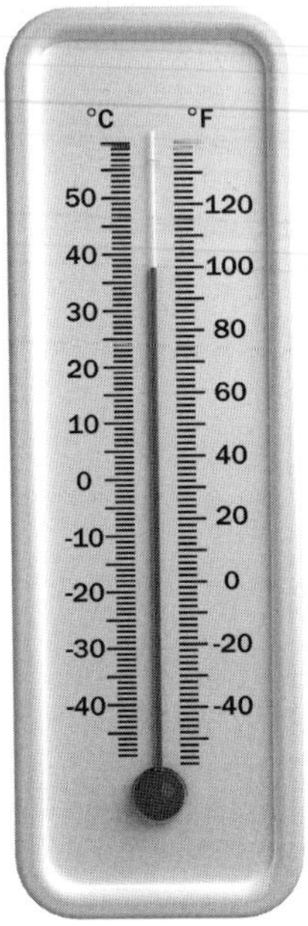


## Profi

**Ganze Zahlen** sind die natürlichen Zahlen, die Null und die negativen Zahlen (Minuszahlen).

$\mathbb{Z} = \{..., -3, -2, -1, 0, 1, 2, 3, ...\}$

# das **Konto** (die **Zustände**)

## Anfänger

| Datum | Text | Soll | Haben |
|---|---|---|---|
| 31.01.19 | Gehalt | | 2200 € |
| 01.02.19 | Miete | 650 € | |
| 01.02.19 | Einkäufe | 168 € | |
| 02.02.19 | Dauerauftrag | | 150 € |

## Profi

Ein **Kontoauszug** zeigt alle **Gutschriften** und **Belastungen** eines Bankkontos in einem festen Zeitraum an.

die Gutschriften = Haben (+)

die Belastungen = Soll (–)

## **positiv**, **negativ**, das **Vorzeichen**

| Anfänger | Profi |
|---|---|
| 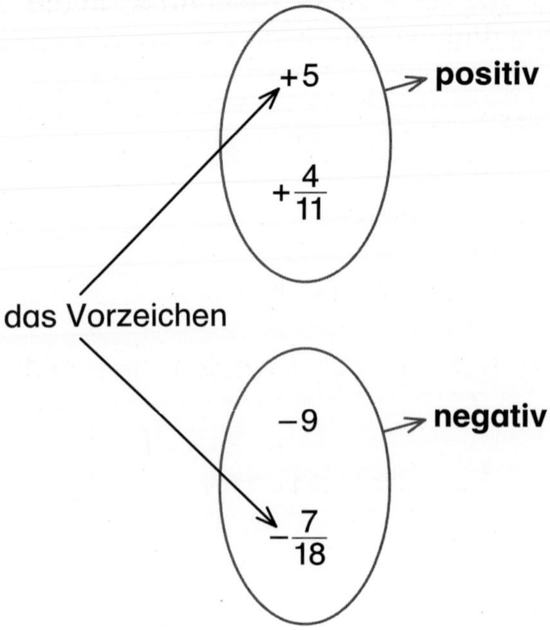 | Das **Vorzeichen einer Zahl** ist **positiv (+)** oder **negativ (–)**.<br><br>Ein positives Vorzeichen wird normalerweise weggelassen.<br><br>Die Null ist vorzeichenlos.<br><br>Beispiel:<br><br>4 + 7 = 11 statt (+4) + (+7) = (+11)<br><br>**Merke:**<br><br>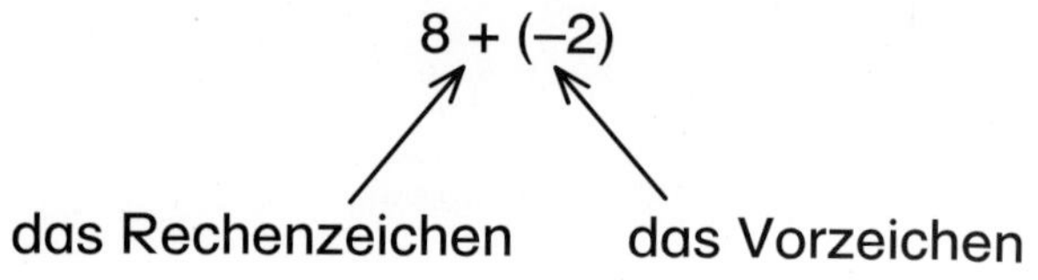 |

## die **rationalen Zahlen**

| Anfänger | Profi |
|---|---|
| Beispiele:<br><br>..., –3, –2, –1, 0, 1, 2, 3, ...<br><br>$-\frac{5}{8}, -\frac{1}{2}, -\frac{2}{7}, \frac{2}{7}, \frac{1}{2}, \frac{5}{8}$<br><br>$-\frac{3}{2}, \frac{3}{2}$<br><br>$-1\frac{1}{2} = -\frac{3}{2}, 2\frac{4}{5} = \frac{14}{5}$<br><br>$-0{,}07 = \frac{7}{100}, 1{,}15 = \frac{115}{100}$ | **Rationale Zahlen** sind die Brüche.<br><br>Im Zähler und Nenner jeden Bruches steht eine ganze Zahl. Die Null darf **nicht** im Nenner stehen.<br><br>$\mathbb{Q}$ ist die Menge aller Brüche (rationalen Zahlen). |

## der **Betrag einer Zahl**

### Anfänger

Beispiele:

$|3| = 3$

$|-5| = 5$

$|-1 - 9| = |-10| = 10$

**Gesprochen:** „der Betrag von –5 ist 5."

### Profi

Der **Betrag** einer Zahl ist der Abstand der Zahl zur Null.

Beispiel:

5 und –5 sind gleich weit von der Null entfernt. Schreibweise:

$|5| = |-5| = 5$

Für den **Betrag** einer Variablen x schreibt man $|x|$.

**Gesprochen:** „Betrag von x"

## die **Gegenzahl**

### Anfänger

die Zahl und die **Gegenzahl**

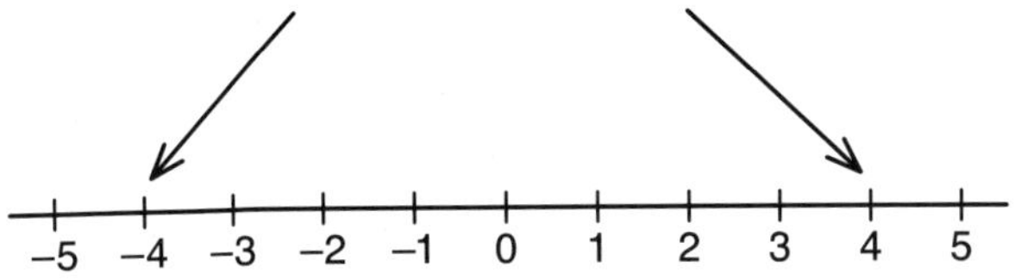


### Profi

Wenn eine Zahl auf dem Zahlenstrahl an der Null gespiegelt wird, so heißt sie **Gegenzahl**.

Durch die Spiegelung erhält die Gegenzahl das umgekehrte Vorzeichen.

Beispiele:

| Zahl | **Gegenzahl** |
|---|---|
| –3 | 3 |
| 20 | –20 |

**Merke:**

Die Null ist die einzige Zahl, deren Gegenzahl ebenfalls Null ist.

# die **Division**

## Anfänger

Eine Zahl wird geteilt.

Beispiel:

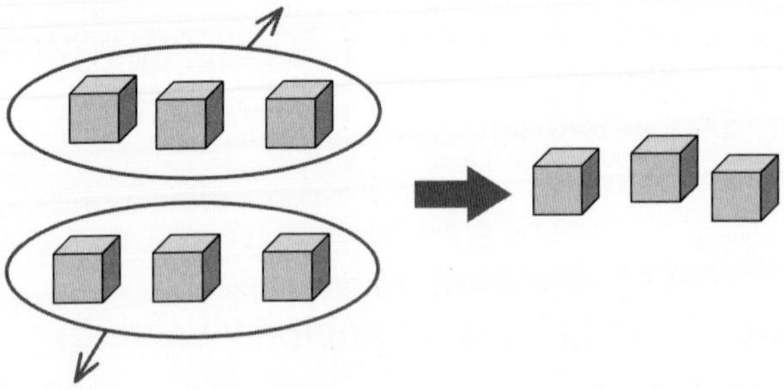

oder

die Zahl, die geteilt wird

6 : 2 = 3 ← das Ergebnis

der Teiler

**Gesprochen:** „6 geteilt durch 2 gleich 3."

## Profi

**Division** bedeutet die Teilung einer Zahl.
**dividieren** = teilen

**Merke:**

der Dividend — der Divisor (Teiler)

$a : b = x$

das Geteilt-Zeichen — der Quotientenwert

Also:

Dividend geteilt durch Divisor gleich Quotientenwert.

**Beachte:** Man kann nicht durch 0 teilen.

Teilen ist das Umkehren des Malnehmens. Oder: Die Division ist die Umkehrung der Multiplikation.

# die **Prozente**

## Anfänger

das **Prozentzeichen**

%

Beispiel:

Die Batterie ist halb aufgeladen.

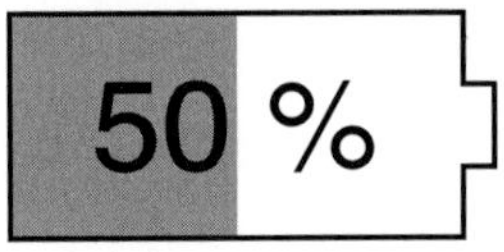


Die Batterie ist zu 50 % aufgeladen.

## Profi

Zahlenangaben in **Prozent** veranschaulichen Größenverhältnisse und machen sie vergleichbar.

Das Wort Prozent bedeutet „vom Hundert", das heißt: Prozente sind Anteile mit dem Nenner 100:

1 Prozent: $\frac{1}{100}$ $1\,\% = \frac{1}{100}$

50 Prozent: $\frac{50}{100}$ $50\,\% = \frac{50}{100}$

p Prozent: $\frac{p}{100}$ $p\,\% = \frac{p}{100}$

Das **Prozentzeichen %** wird bei der Prozentschreibweise verwendet.

## die **Promille**

### Anfänger

das **Promillezeichen**

‰

2,5 ‰ Vitamine

### Profi

Zahlenangaben in **Promille** veranschaulichen Größenverhältnisse und machen sie vergleichbar.

Das Wort Promille bedeutet „vom Tausend“, das heißt: Promille sind Anteile mit dem Nenner 1 000:

1 Promille: $\frac{1}{1\,000}$ 1 ‰ $= \frac{1}{1\,000}$

8 Promille: $\frac{8}{1\,000}$ 8 ‰ $= \frac{8}{1\,000}$

p Promille: $\frac{p}{1\,000}$ p ‰ $= \frac{p}{1\,000}$

## **größer/kleiner/gleich**

### Anfänger

**<**

kleiner als

→ Die Zahl links vom Zeichen ist kleiner als die Zahl rechts.

**>**

größer als

→ Die Zahl links vom Zeichen ist größer als die Zahl rechts.

**=**

gleich (wie)

→ Die Zahlen haben denselben Wert.

### Profi

Man kann zwei Zahlen miteinander vergleichen.
Es gibt dafür Vergleichszeichen:

**< gesprochen: „kleiner als“**
**> gesprochen: „größer als“**
**= gesprochen: „gleich (wie)“**

Beispiele:

$3 < 10$
„Drei ist kleiner als 10.“

$10 > 3$
„10 ist größer als 3.“

$\frac{1}{2} = \frac{2}{4}$
„$\frac{1}{2}$ ist gleich $\frac{2}{4}$.“ oder
„$\frac{1}{2}$ ist gleich groß wie $\frac{2}{4}$.“

## der **Bruch**

### Anfänger

Beispiel für einen **Bruch**:

$$\frac{3}{5}$$

**Gesprochen:** „drei Fünftel“

### Profi

Ein Bruch gibt ein Verhältnis an.

$$\frac{3}{5}$$

3 ← der Zähler

— ← der Bruchstrich

5 ← der Nenner

**Gesprochen:** „drei Fünftel“

Beispiel:

3 von 5 Fahrrädern sind weiß.

## der **Zähler/der Nenner**

### Anfänger

$$\frac{3}{5}$$

3 ← der **Zähler**

5 ← der **Nenner**

### Profi

der **Nenner** = so viele gleich große Teile sind vorhanden

der **Zähler** = so viele Teile werden genommen

Beispiel: $\frac{3}{5}$

| das Ganze |
|---|

Teile in 5 gleich große Teile (Nenner)

| | | | | |
|---|---|---|---|---|
| | | | | |

Nimm 3 Teile davon (Zähler)

| | | | | |
|---|---|---|---|---|
| $\frac{1}{5}$ (grau) | $\frac{1}{5}$ (grau) | $\frac{1}{5}$ (grau) | $\frac{1}{5}$ | $\frac{1}{5}$ |

# die **Brüche erweitern**

## Anfänger

$\frac{2}{4}$ ← der Bruch

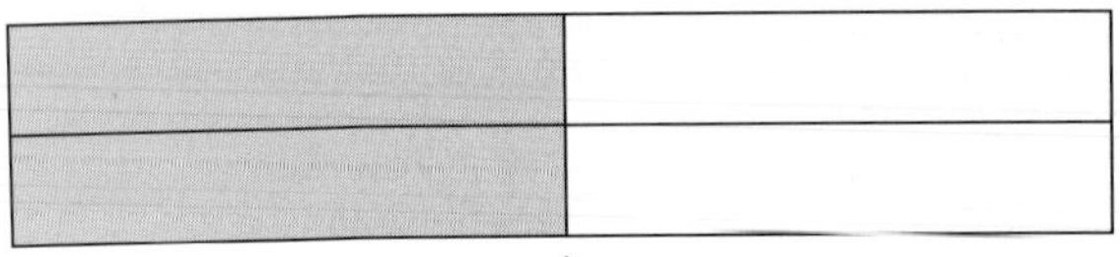

↓

**erweitern** = weiter teilen

↓

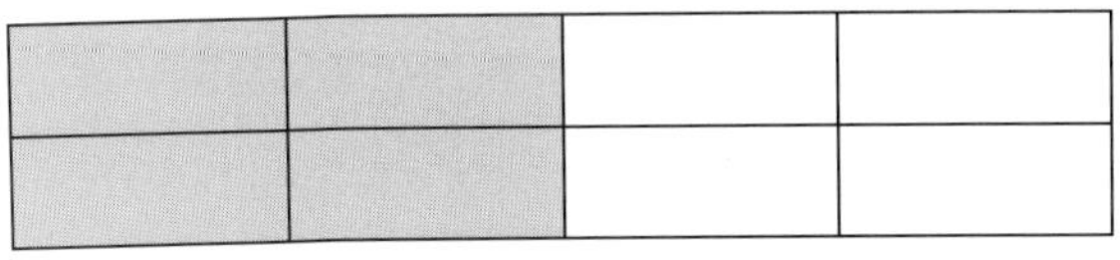

$\frac{4}{8}$ ← der erweiterte Bruch

## Profi

einen Bruch **erweitern** = den Zähler und den Nenner mit der gleichen Zahl malnehmen (multiplizieren)

Beispiel:

mit 2 erweitern

Zähler mal 2

$$\frac{2}{4} = \frac{2 \cdot 2}{4 \cdot 2} = \frac{4}{8}$$

Nenner mal 2

**Merke:**

Mehr Teile, aber dasselbe Verhältnis (derselbe Quotientenwert).

# die **Brüche kürzen**

## Anfänger

$\frac{4}{12}$ ← der Bruch

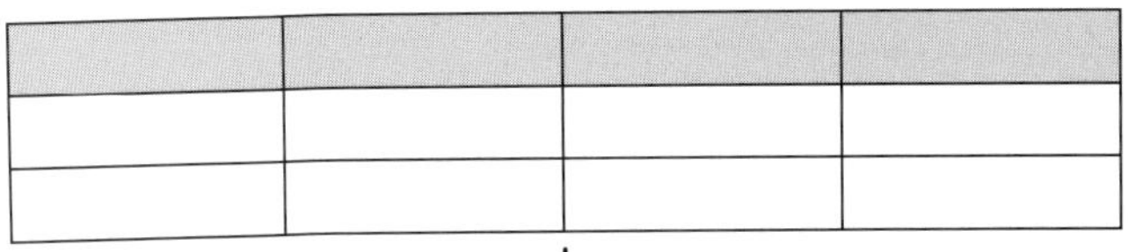

↓

**kürzen** = die Teile zusammenfassen

↓

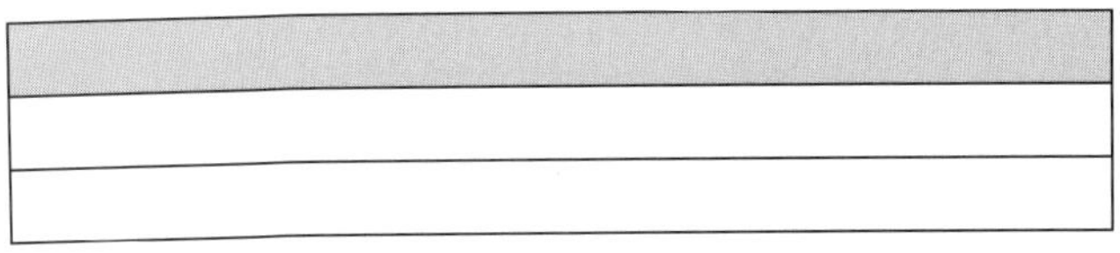

$\frac{1}{3}$ ← der gekürzte Bruch

## Profi

einen Bruch **kürzen** = den Zähler und den Nenner durch die gleiche Zahl teilen (dividieren)

Beispiel:

mit 4 kürzen

Zähler durch 4 teilen

$$\frac{4 : 4}{12 : 4} = \frac{1}{3}$$

Nenner durch 4 teilen

**Merke:**

Weniger Teile, aber dasselbe Verhältnis (derselbe Quotientenwert).

# die **Brüche multiplizieren**

## Anfänger

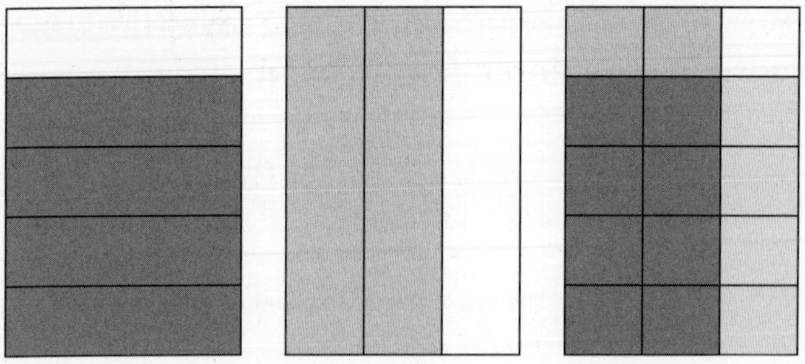

$\frac{4}{5} \cdot \frac{2}{3} = \frac{4 \cdot 2}{5 \cdot 3} = \frac{8}{15}$

Zähler mal Zähler und Nenner mal Nenner.

## Profi

**Brüche multiplizieren** = die Zähler multiplizieren und die Nenner multiplizieren

die Zähler multiplizieren

$\frac{4}{5} \cdot \frac{2}{3} = \frac{8}{15}$

die Nenner multiplizieren

das Ergebnis

**Merke:**
Das Ergebnis einer Multiplikation kann häufig gekürzt werden.

Beispiel: $\frac{2}{4} \cdot \frac{2}{3} = \frac{2 \cdot 2}{4 \cdot 3} = \frac{4}{12} = \frac{4 : 4}{12 : 4} = \frac{1}{3}$

# die **Brüche dividieren**

## Anfänger

$\frac{3}{7} : \frac{1}{2} = \frac{3}{7} \cdot \mathbf{\frac{2}{1}} = \frac{6}{7}$

aus $: \frac{1}{2}$ wird $\cdot \mathbf{\frac{2}{1}}$

Aus Teilen wird Malnehmen mit dem **umgekehrten zweiten** Bruch.

## Profi

**Brüche dividieren** = den Kehrwert des **zweiten** Bruchs bilden, dann die Brüche multiplizieren

$\frac{3}{7} : \frac{1}{2} = \frac{3}{7} \cdot \mathbf{\frac{2}{1}} = \frac{6}{7}$

der Kehrwert von $\frac{1}{2}$

**Merke:**
Aus „geteilt" wird „mal".

## der **Winkel**

| Anfänger | Profi |
|---|---|

### Anfänger

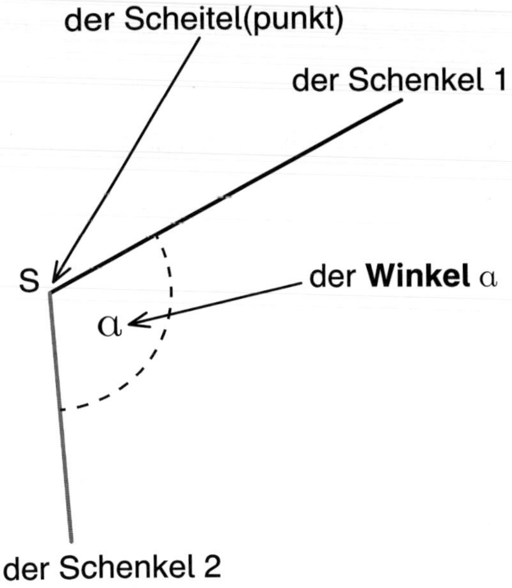


**Gesprochen:** „der Winkel Alpha“

### Profi

Zwei Schenkel mit gemeinsamem Anfangspunkt begrenzen einen **Winkel**.

der Scheitelpunkt = der Schnittpunkt zweier Schenkel

Winkel bezeichnet man mit griechischen Buchstaben:

α – Alpha
β – Beta
γ – Gamma
δ – Delta
ε – Epsilon

## die **Winkelarten**

### Anfänger

Diese **Winkelarten** gibt es:

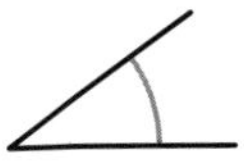

der spitze Winkel

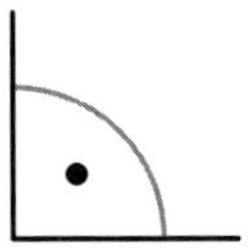

der rechte Winkel

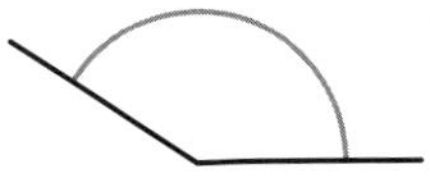

der stumpfe Winkel

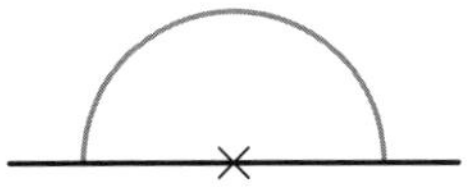

der gestreckte Winkel

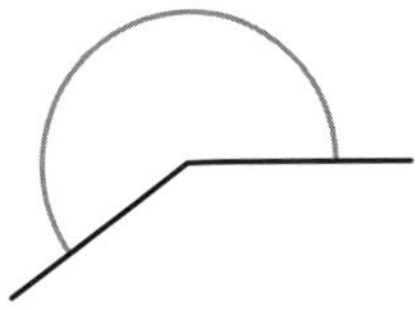

der überstumpfe Winkel

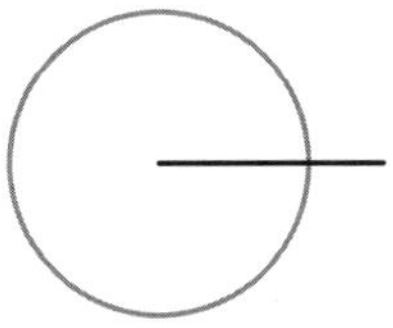

der Vollwinkel

### Profi

Es gibt sechs **Winkelarten.** Sie hängen von der Größe des Winkels ab.

| **Name** | **Winkelgröße** |
|---|---|
| spitzer Winkel | kleiner als 90° |
| rechter Winkel | genau 90° |
| stumpfer Winkel | zwischen 90° und 180° |
| gestreckter Winkel | genau 180° |
| überstumpfer Winkel | zwischen 180° und 360° |
| Vollwinkel | genau 360° |

## der **Nebenwinkel**

### Anfänger

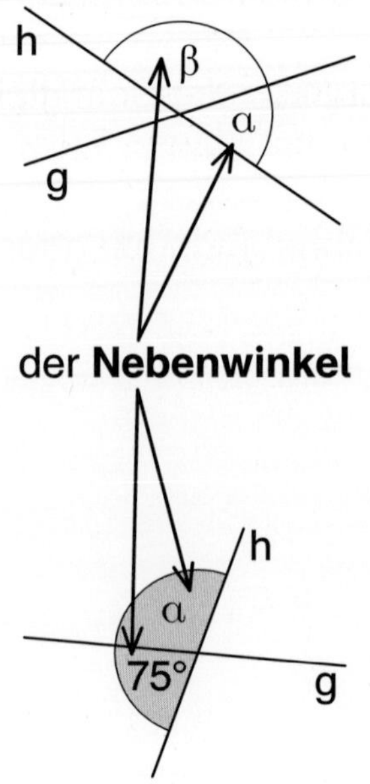


### Profi

die Ausgangslage: zwei Geraden schneiden sich (Geradenkreuzung)

**Nebenwinkel** liegen immer nebeneinander.

$\alpha$ ist Nebenwinkel zu $\beta$ und $\beta$ ist Nebenwinkel zu $\alpha$.

**Merke:**

Summe der Nebenwinkel = 180°

## der **Scheitelwinkel**

### Anfänger

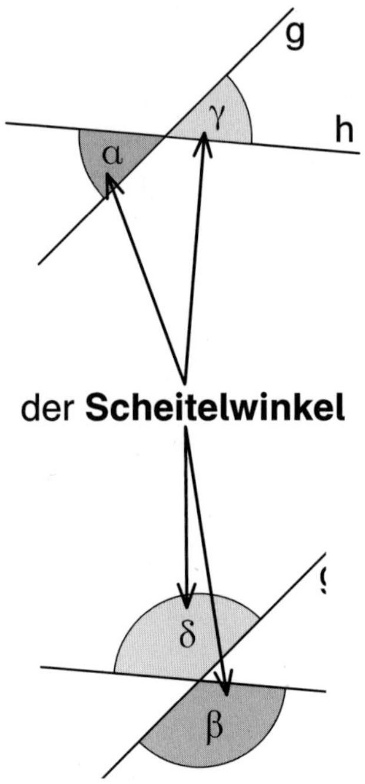


### Profi

die Ausgangslage: zwei Geraden schneiden sich (Geradenkreuzung)

**Scheitelwinkel** liegen an sich kreuzenden Geraden gegenüber.

Es gibt jeweils zwei Paare von Scheitelwinkel: $\alpha$ und $\gamma$ sowie $\beta$ und $\delta$.

**Merke:**

Scheitelwinkel sind gleich groß.

## der **Stufenwinkel**

| Anfänger | Profi |
|---|---|
| 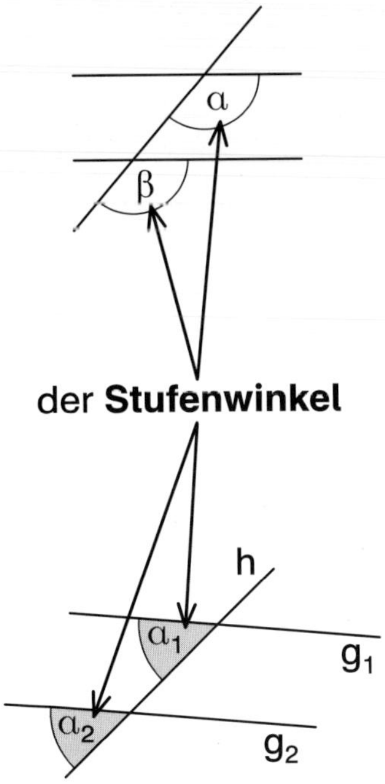 | die Ausgangslage: zwei Parallelen werden von einer dritten Geraden geschnitten<br><br>Die **Stufenwinkel** haben die gleiche Lage zu der Parallelen und zu der Geraden.<br><br>**Merke:**<br><br>Stufenwinkel sind gleich groß. |

## der **Wechselwinkel**

| Anfänger | Profi |
|---|---|
| 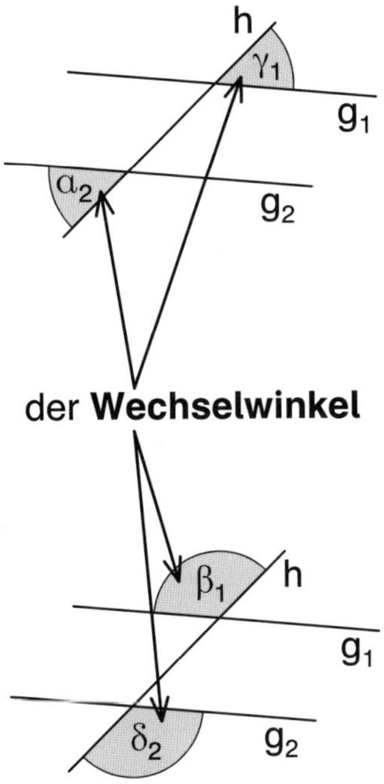 | die Ausgangslage: zwei Parallelen werden von einer dritten Geraden geschnitten<br><br>Die **Wechselwinkel** haben eine unterschiedliche Lage zu der Parallelen und der Geraden.<br><br>**Merke:**<br><br>Wechselwinkel sind gleich groß. |

## die **Figuren**

### Anfänger

Beispiele für **Figuren**:

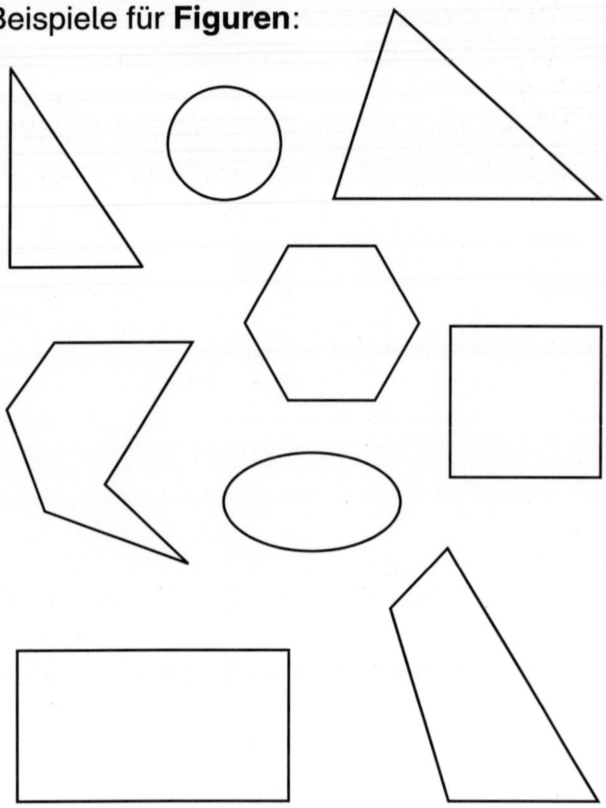

### Profi

**Figuren** sind ein Sammelbegriff aus der Geometrie.

Alle Figuren sind zweidimensional (eben). Sie bestehen meistens aus aneinandergehängten Strecken. Der Endpunkt der letzten Strecke ist der Ausgangspunkt der ersten Strecke.

Es gibt verschiedene Figuren.

Beispiele:
- ein Dreieck
- ein Viereck
- ein Sechseck
- ein Vieleck
- ein Kreis
- eine Ellipse

Jede Figur besitzt besondere Eigenschaften: die Anzahl der Seiten und Ecken, ihre Seitenlängen oder Winkel.

## das **Dreieck**

### Anfänger

das **allgemeine Dreieck**

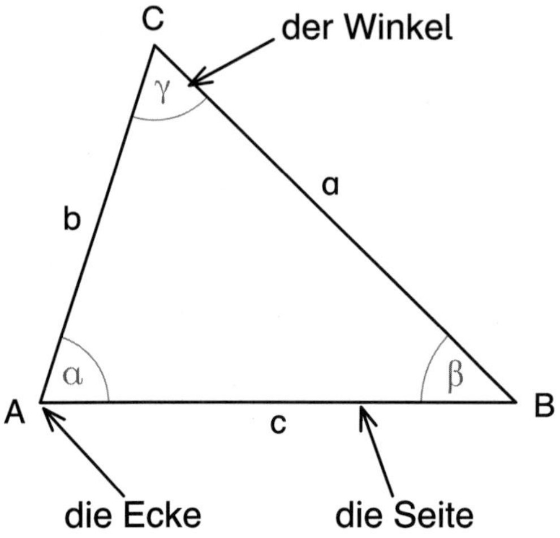


### Profi

Ein **Dreieck** hat drei Eckpunkte.

Die Eckpunkte dürfen nicht auf einer Geraden liegen.

Die Strecken zwischen den Eckpunkten sind die Seiten.

Eckpunkte beschriftet man **gegen den Uhrzeigersinn** (A, B, C).

Gegenüberliegende Seiten beschriftet man mit Kleinbuchstaben (a, b, c).

Innenwinkel beschriftet man mit $\alpha$, $\beta$, $\gamma$.

Winkel $\alpha$ liegt bei Punkt A, $\beta$ bei Punkt B und $\gamma$ bei Punkt C.

Die Summe der Innenwinkel beträgt 180°:

$\alpha + \beta + \gamma = 180°$.

# die **Dreiecksarten**

## Anfänger

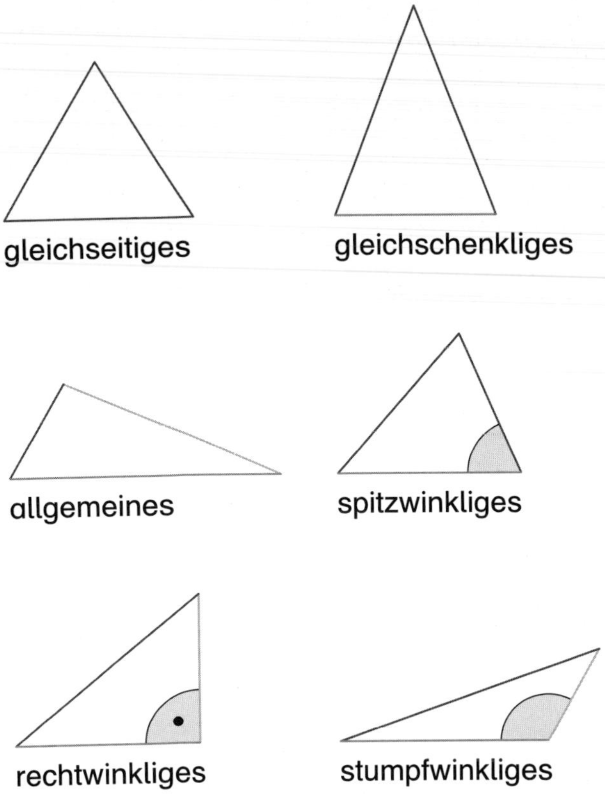


## Profi

ein Dreieck ohne besondere Eigenschaften = ein **allgemeines Dreieck**

Ein Dreieck mit besonderen Eigenschaften erhält eine zusätzliche Bezeichnung.

Beispiele:

das **gleichschenklige** Dreieck = ein Dreieck mit zwei gleich langen Seiten (Schenkeln)

das **gleichseitige** Dreieck = ein Dreieck mit drei gleich langen Seiten

das **rechtwinklige** Dreieck = ein Dreieck mit einem rechten Winkel (90° Winkel)

das **stumpfwinklige** Dreieck = ein Dreieck mit einem stumpfen Winkel

# die **Mittelsenkrechte**

## Anfänger

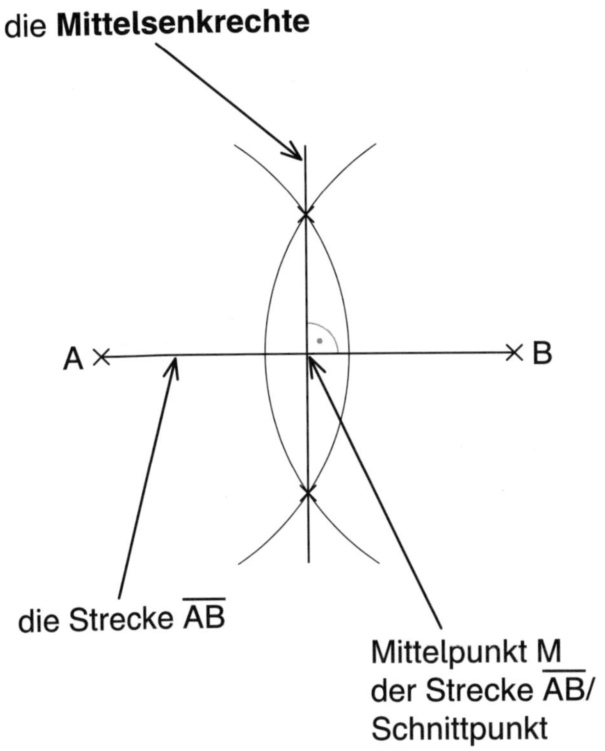


## Profi

Die **Mittelsenkrechte** steht senkrecht auf einer Strecke.

Schnittpunkt = Mittelpunkt der Strecke $\overline{AB}$.

Alle Punkte auf der Mittelsenkrechte sind von A und B gleich weit entfernt.

Sie wird auch das **Lot auf die Strecke** genannt.

**Merke:**

Für die Konstruktion benötigst du einen Zirkel.

# die **Winkelhalbierende**

| Anfänger | Profi |
|---|---|

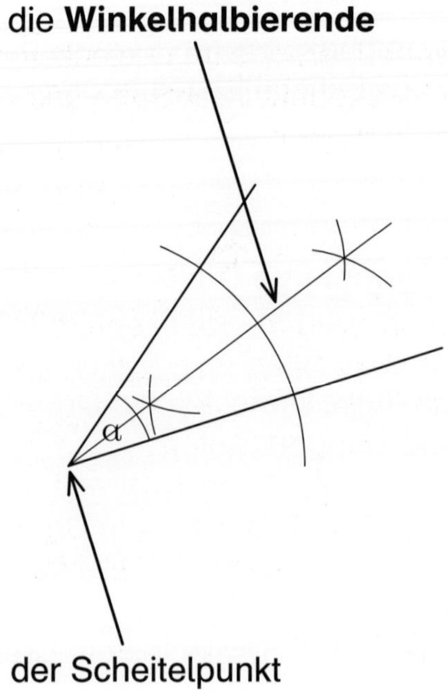


Die **Winkelhalbierende** teilt den Winkel in zwei gleich große Teilwinkel.

Sie ist eine Halbgerade (Strahl) und verläuft durch den Scheitelpunkt des Winkels.

Alle Punkte auf der Winkelhalbierenden sind von den Schenkeln des Winkels gleich weit entfernt.

**Merke:**

Für die Konstruktion benötigst du einen Zirkel.

# die **Höhenschnittpunkt im Dreieck**

| Anfänger | Profi |
|---|---|

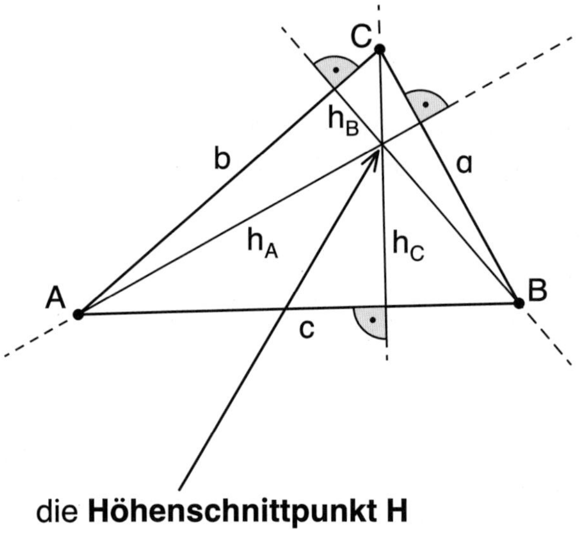


der **Höhenschnittpunkt** = der Schnittpunkt der drei Höhen in einem Dreieck

Jede Höhe im Dreieck

- steht senkrecht auf ihrer Seite.
- verläuft durch den gegenüberliegenden Eckpunkt.

**Merke:**

In stumpfwinkligen Dreiecken liegt der Höhenschnittpunkt immer **außerhalb** des Dreiecks.

## der **Schwerpunkt im Dreieck**

| Anfänger | Profi |
|---|---|
| die **Schwerpunkt S** | der **Schwerpunkt** = der Schnittpunkt der drei Seitenhalbierenden in einem Dreieck |

die **Schwerpunkt S**

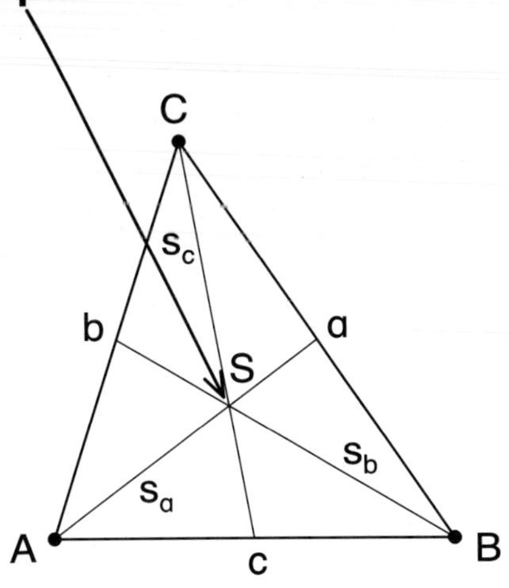


der **Schwerpunkt** = der Schnittpunkt der drei Seitenhalbierenden in einem Dreieck

Jede Seitenhalbierende im Dreieck verläuft durch den Mittelpunkt ihrer Seite und durch den gegenüberliegenden Eckpunkt.

**Merke:**

Mithilfe des Schwerpunktes kannst du ein Dreieck auf einer Stiftspitze balancieren.

## der **Kongruenzsätze für Dreiecke**

**Anfänger**

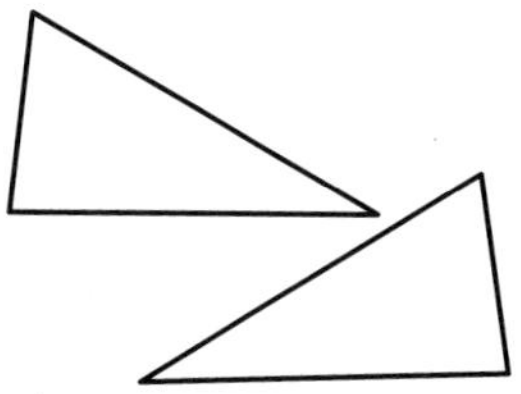

**Seite-Seite-Seite (SSS)**

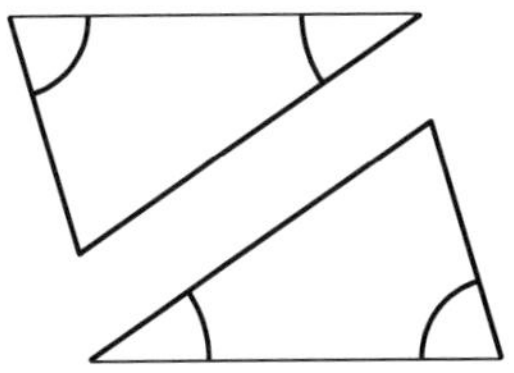

**Winkel-Seite-Winkel (WSW)**

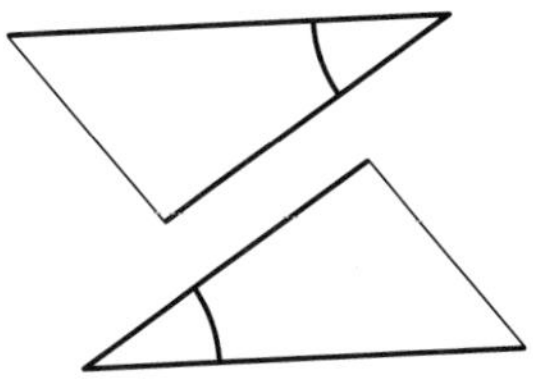

**Seite-Winkel-Seite (SWS)**

**Profi**

Dreiecke mit gleicher Größe und Form heißen **kongruent zueinander**.

Kongruent bedeutet **deckungsgleich**.

Kongruenzsätze geben an, unter welchen Bedingungen zwei Dreiecke deckungsgleich sind.

SSS:
- sie stimmen in ihren entsprechenden Seitenlängen überein

WSW:
- sie stimmen in einer Seitenlänge und den anliegenden Winkeln überein

SWS:
- sie stimmen in zwei Seitenlängen und dem eingeschlossenen Winkel überein

# das **Quadrat**

## Anfänger

das **Quadrat**

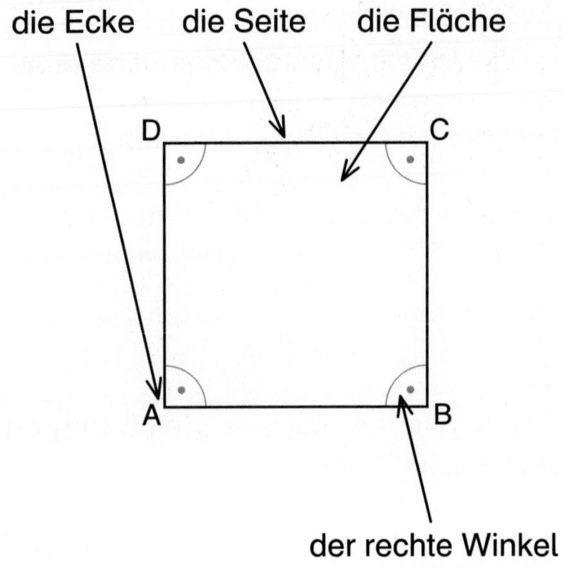


## Profi

Ein **Quadrat** hat vier Eckpunkte.

Die Ecken beschriftet man gegen den Uhrzeigersinn.

Alle Winkel sind 90° groß.

Alle vier Seiten sind gleich lang.

Jedes Quadrat ist auch ein Rechteck.

Beide Diagonalen sind gleich lang, halbieren einander und stehen senkrecht aufeinander.

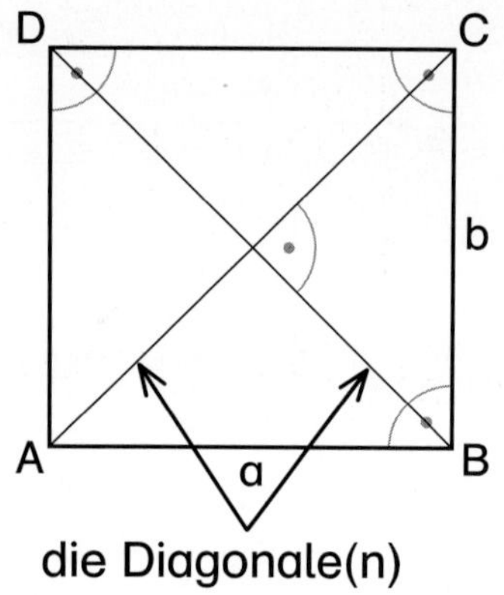


# die **Raute** (der **Rhombus**)

## Anfänger

die **Raute**

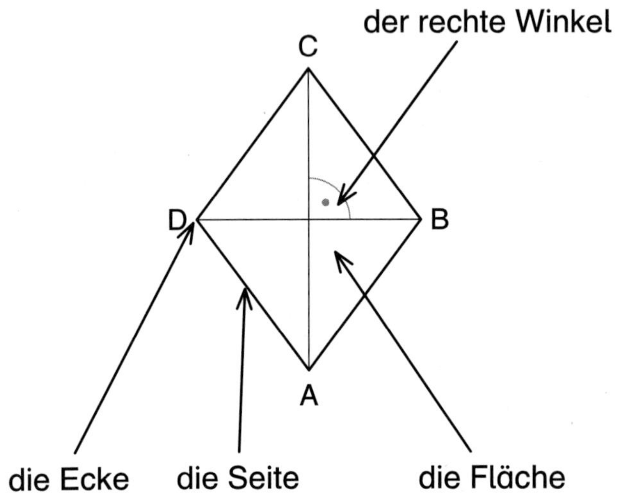


## Profi

Eine **Raute** ist ein Viereck.
Sie ist ein Sonderfall des Parallelogramms.

Alle Seiten sind gleich lang: a = b = c = d.

Die Diagonalen stehen senkrecht aufeinander.

die Raute = der **Rhombus**

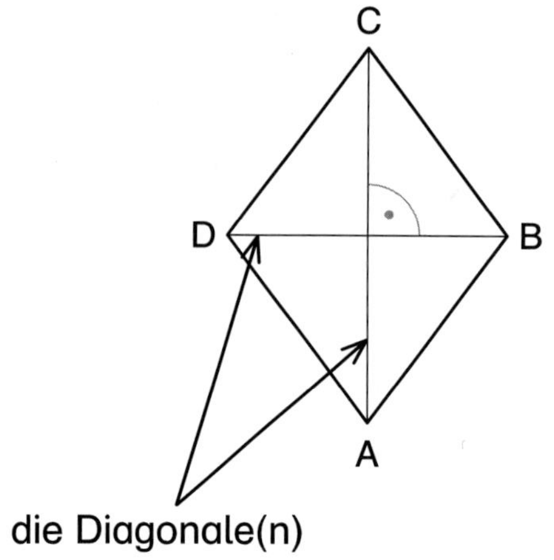

# das **Drachenviereck**

## Anfänger

das **Drachenviereck**

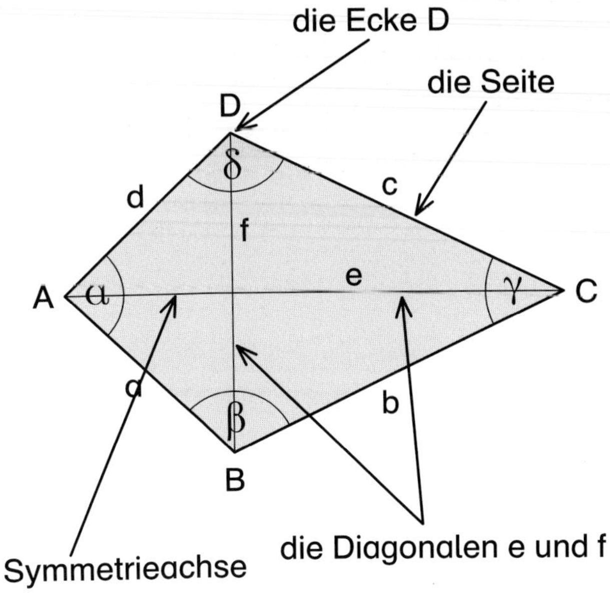


## Profi

Ein **Drachenviereck** hat die Form eines Drachens.
Es besitzt eine Symmetrieachse.

Die Diagonalen stehen **senkrecht aufeinander**.
Die Diagonalen **halbieren** einander.

Jeweils **zwei benachbarte Seiten** sind gleich lang.

**Merke:**

Ein Drachenviereck mit **vier gleich langen Seiten** ist eine **Raute**.

Ein Drachenviereck mit **vier gleich langen Seiten** und **vier rechten Winkeln** ist ein **Quadrat**.

# das **Trapez**

## Anfänger

das rechtwinklige **Trapez**

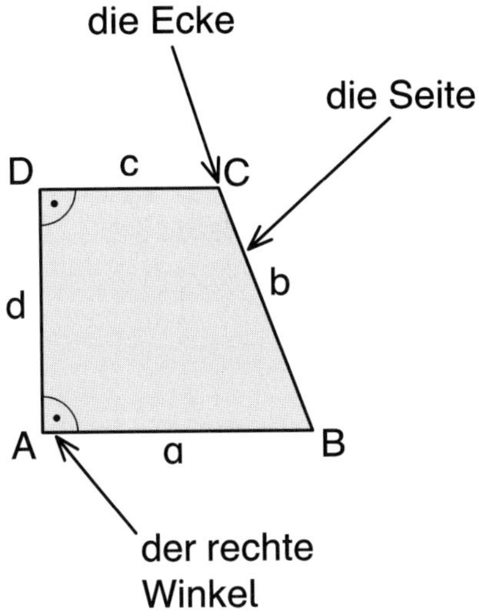


das allgemeine **Trapez**

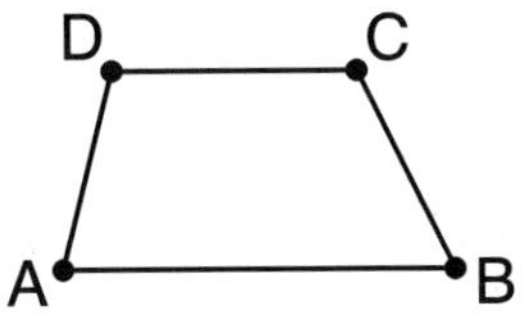


## Profi

Das **Trapez** ist ein Viereck mit zwei zueinander parallel liegenden Seiten.

Es ist egal, welche zwei Seiten zueinander parallel sind:

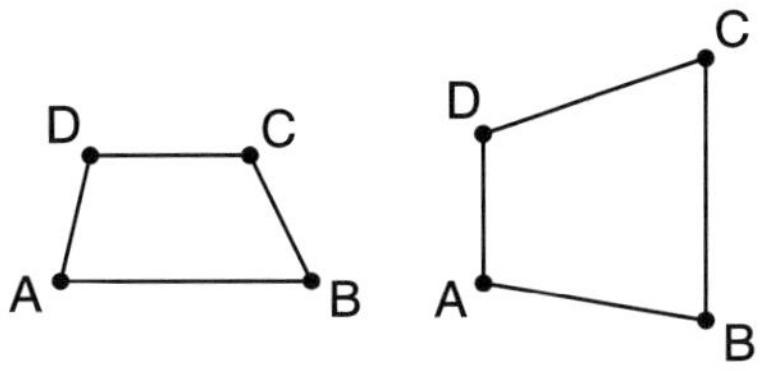


Trapez mit AB || CD — Trapez mit AD || BC

**Merke:**

Alle Innenwinkel können unterschiedlich groß sein.

## die **Winkelsumme**

| Anfänger | Profi |
| --- | --- |
| 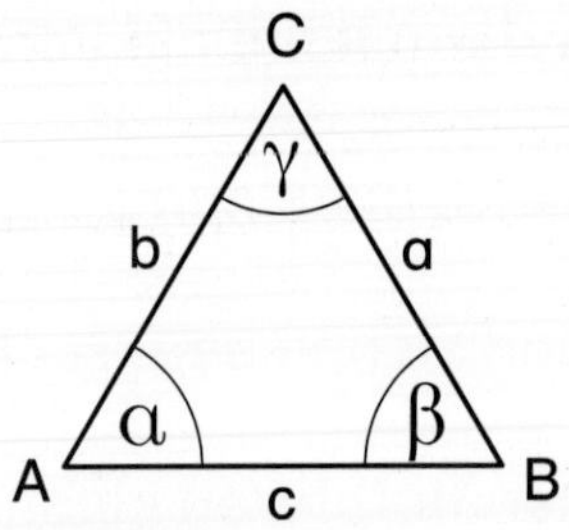<br>das Dreieck: $\alpha + \beta + \gamma = 180°$<br>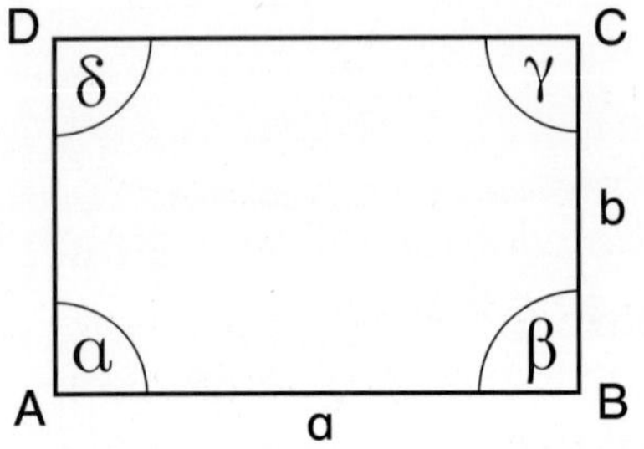<br>das Viereck: $\alpha + \beta + \gamma + \delta = 360°$ | Die **Winkelsumme** ist die **Summe aller Innenwinkel** einer Figur.<br><br>Für Dreiecke:<br>Die Winkelsumme beträgt 180°.<br><br>Für Vierecke:<br>Die Winkelsumme beträgt 360°.<br><br>Für Fünfecke:<br>Die Winkelsumme beträgt 540°.<br><br>Für n-Ecke: Die Winkelsumme beträgt $(n - 2) \cdot 180°$. |

## der **Kreis**

| Anfänger | Profi |
| --- | --- |
| der **Kreis**<br>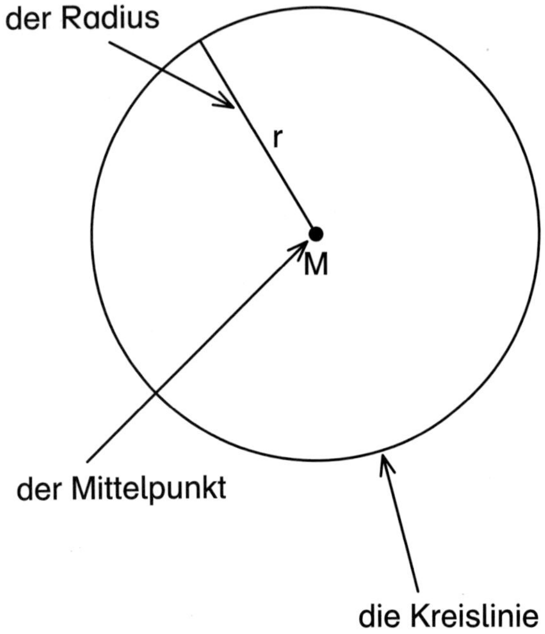 | Alle Punkte auf der **Kreislinie** sind gleich weit vom Mittelpunkt entfernt.<br><br>Der Radius ist der Abstand zwischen Mittelpunkt und den Punkten auf der Kreislinie. |

# der **Radius** und der **Durchmesser**

| Anfänger | Profi |
|---|---|

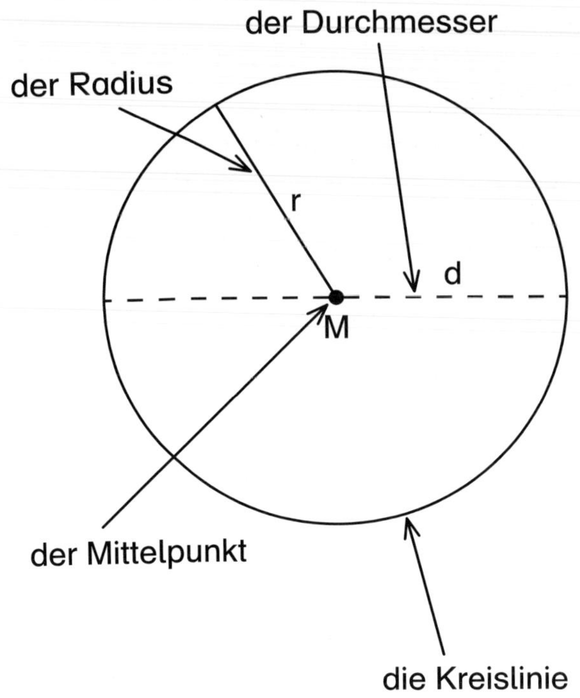


**Radius** = der Abstand vom Mittelpunkt zu einem Punkt auf der Kreislinie

Der Radius wird am Zirkel eingestellt.

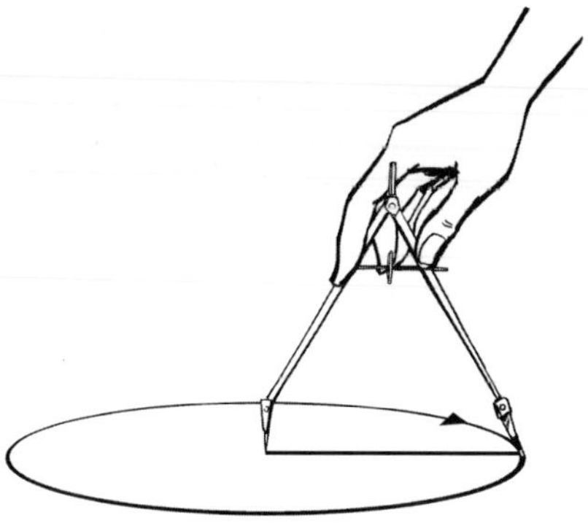

Der **Durchmesser** geht durch den Mittelpunkt des Kreises und halbiert ihn.

Der Durchmesser d ist doppelt so groß wie der Radius r.

Formel: $d = 2 \cdot r$

# der **Halbkreis**

| Anfänger | Profi |
|---|---|

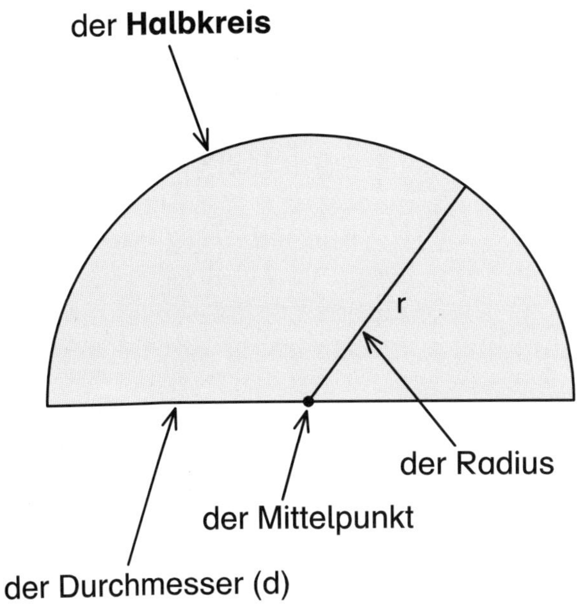


Der Halbkreis bildet einen Kreisbogen.

Innenwinkel des **Halbkreises** = 180°

Alle Punkte auf dem Halbkreis sind gleich weit vom Mittelpunkt entfernt.

Der Radius ist der Abstand des Mittelpunktes zu einem Punkt auf dem Halbkreis.

d = Durchmesser = $2 \cdot r$

## der **Thaleskreis**

| Anfänger | Profi |
|---|---|
| 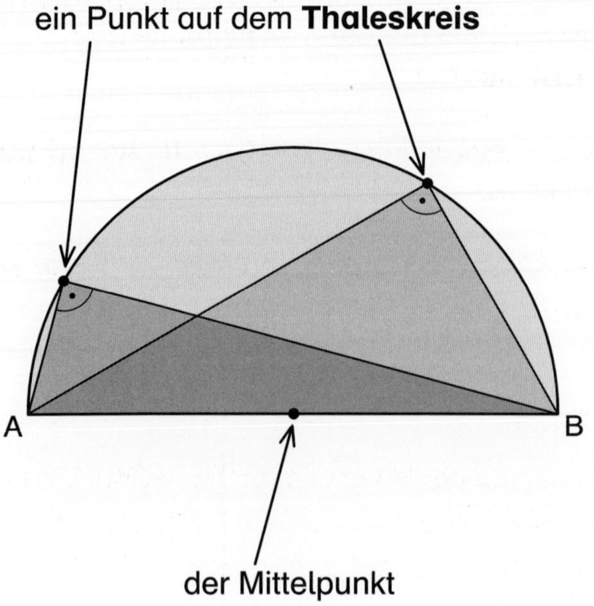 | Der **Thaleskreis** ist der Halbkreis über dem Mittelpunkt M einer Strecke $\overline{AB}$.<br><br>Den Mittelpunkt konstruierst du über die Mittelsenkrechte.<br><br>Der **Winkel** bei jedem Punkt auf dem Thaleskreis **beträgt immer 90°**.<br><br>Alle Punkte C auf dem Halbkreis über der Strecke $\overline{AB}$ ergeben ein rechtwinkliges Dreieck ABC. |



## der **Inkreis**

| Anfänger | Profi |
|---|---|
| 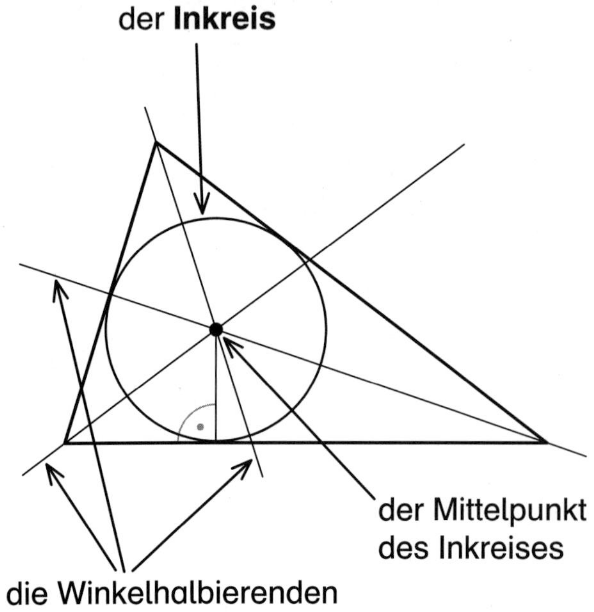 | Der Schnittpunkt der drei **Winkelhalbierenden** eines Dreiecks ist der Mittelpunkt des **Inkreises**.<br><br>Der Inkreis **berührt alle Seiten** genau einmal.<br><br>Alle Seiten sind Tangenten des Inkreises, das heißt: Die Tangenten verlaufen senkrecht zur Verbindungsstrecke von ihrem Berührpunkt zum Mittelpunkt des Inkreises. |

# der **Umkreis**

| Anfänger | Profi |
|---|---|

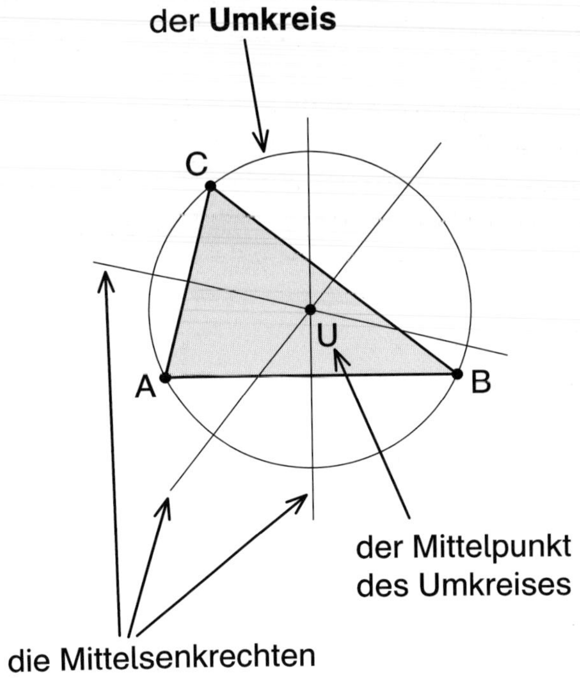


**Profi**

Der Schnittpunkt der drei **Mittelsenkrechten** eines Dreiecks ist der Mittelpunkt des **Umkreises**.

Alle Eckpunkte des Dreiecks liegen auf dem Umkreis.

Der Mittelpunkt des Umkreises ist gleich weit von allen Eckpunkten entfernt.

**Merke:**

Der Mittelpunkt kann auch **außerhalb** des Dreiecks liegen.

# das **Koordinatensystem**

**Anfänger**

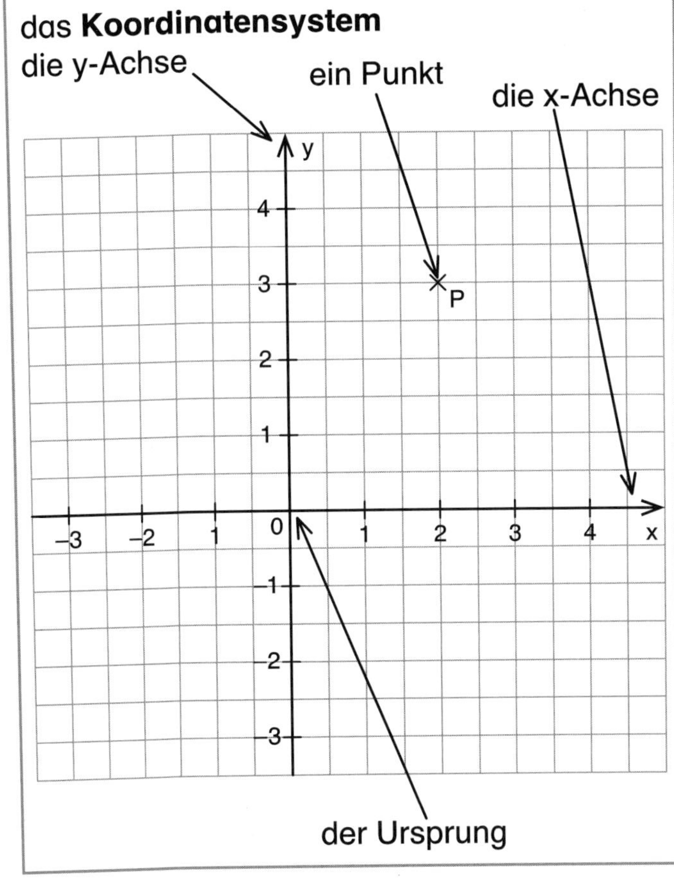


**Profi**

Ein Quadratgitter mit zwei Achsen heißt **Koordinatensystem.**
Es hat eine waagerechte x-Achse und eine senkrechte y-Achse.

Das Koordinatensystem ist in vier Viertel (= Quadranten) eingeteilt:

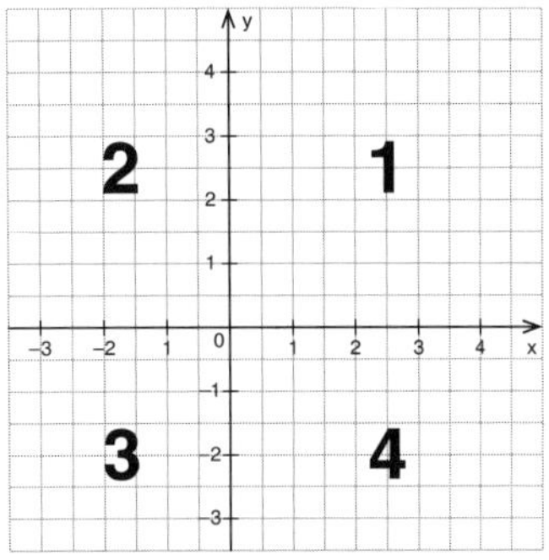


Man kann in einem Koordinatensystem die Lage von einem Punkt beschreiben.
Man nennt zuerst die x-Koordinate und dann die y-Koordinate.

Beispiel: P(2|3)

## die **längentreue / winkeltreue Abbildung**

**Anfänger**

Beispiele:

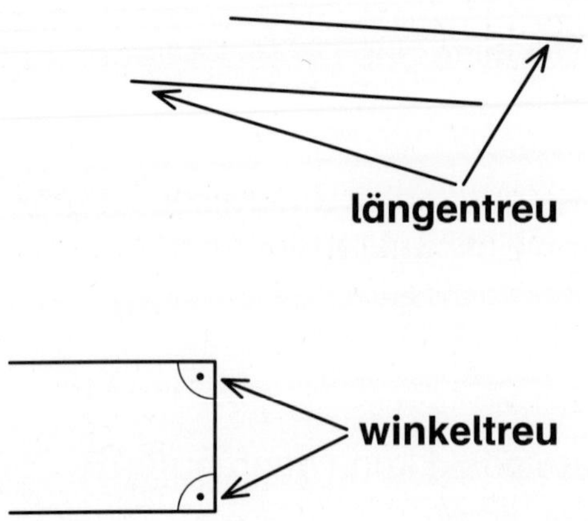


**Profi**

**Längentreue und Winkeltreue** sind **Eigenschaften** von geometrischen Abbildungen.

Beispiele für Abbildungen:
Achsen- und Punktspiegelungen, Verschiebungen und Drehungen

**Längentreue:**

Alle Strecken vorher und nachher sind gleich lang.

**Winkeltreue:**

Alle Winkelgrößen sind vorher und nachher gleich.

## die **Spiegelachse / die Symmetrieachse**

**Anfänger**

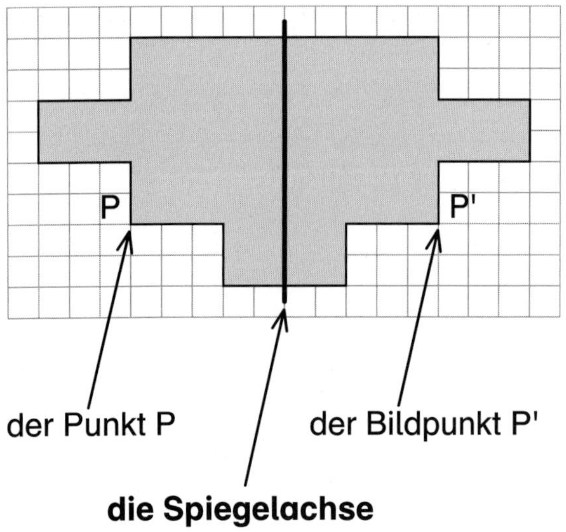


**Profi**

Die **Spiegelachse** heißt auch **Symmetrieachse**.

**Merke:**

Bildpunkte erkennst du immer an dem angehängten Strich. Aus P wird immer P'.

Punkt und Bildpunkt sind gleich weit von der Spiegelachse entfernt.

# die **Achsenspiegelung**

## Anfänger

vorher

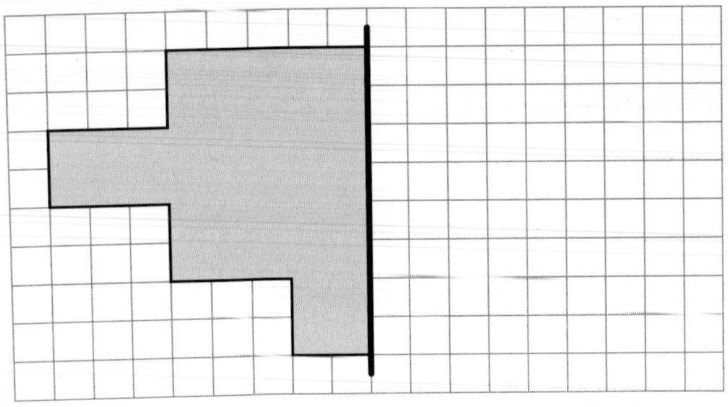

nachher

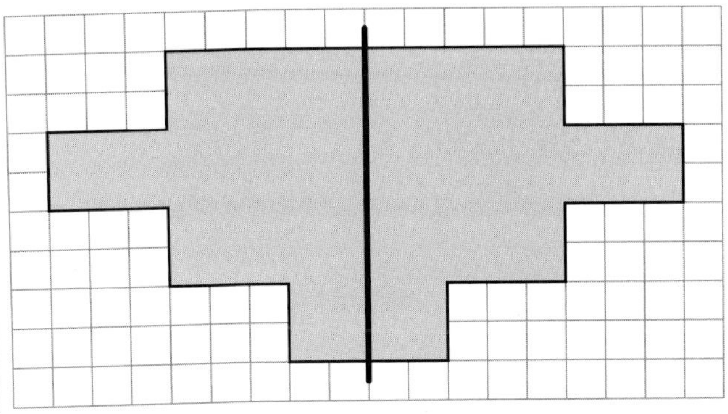

## Profi

die Eigenschaften der **Achsenspiegelung**:

- geradentreu
- längentreu
- winkeltreu
- kreistreu

Die Figuren sind deckungsgleich (kongruent). Es ändert sich der Umlaufsinn.

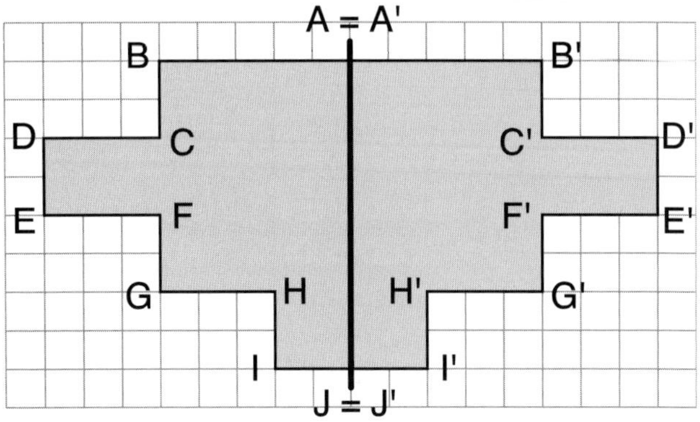


# das **Konstruieren**

## Anfänger

Werkzeuge zum Zeichnen:

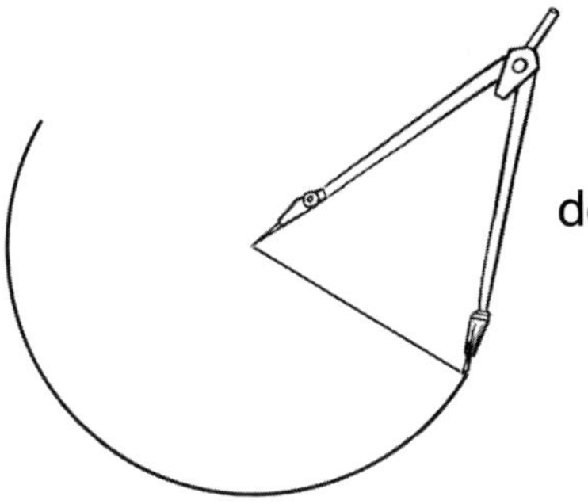

der Zirkel

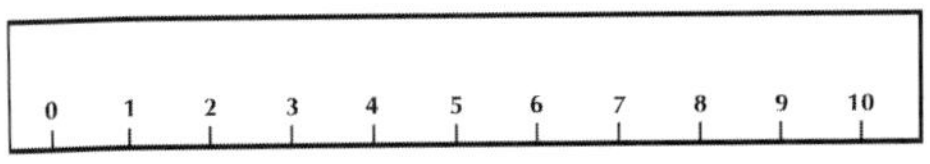


das Lineal

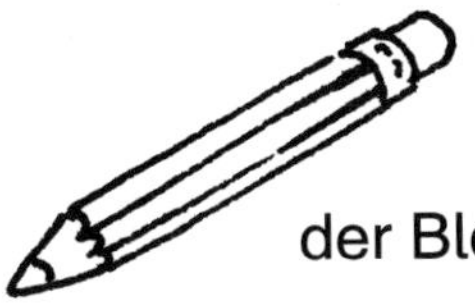

der Bleistift

## Profi

Beim **Konstruieren** wird eine genaue Zeichnung einer Figur angefertigt.

Es werden nur die abgebildeten Werkzeuge verwendet.

Mit dem Zirkel werden Strecken abgemessen und Kreise gezeichnet.

Mit dem Lineal werden gerade Linien gezeichnet.

Beim Konstruieren z. B. eines Dreiecks werden nacheinander die einzelnen Schritte schriftlich festgehalten (Konstruktionsplan) und anschließend ausgeführt.

## der **Term**

### Anfänger

der Rechenausdruck (= der **Term**) besteht aus Zahlen, Platzhaltern, Rechenzeichen, Größeneinheiten

5 + 14 → Term ohne Platzhalter

x + 8 → Term mit Platzhalter

2 kg + 3 kg → Term mit Größeneinheiten

### Profi

der **Term** = der Rechenausdruck

der **Termwert** = das Ergebnis nach Einsetzen von x

den Termwert berechnen = für eine Variable x eine Zahl einsetzen

Beispiel:

der Term

x + 8 | x = 5 einsetzen

5 + 8 = 13

der Termwert

## die **Variable**

### Anfänger

5 + ☐ = 8

die unbekannte Zahl/der Platzhalter

5 + x = 8

### Profi

die **Variable** = der Platzhalter/die Unbekannte

die Variable

5 + x = 8

die Konstante (eine feste Zahl)

Die Variable x steht für eine unbekannte Zahl.

## der **Termwert**

### Anfänger

Wert für x = 2

das Einsetzen

5 · (x + 3) ← der **Term** mit Variable

Eingesetzt:

5 · (**2** + 3)

### Profi

Beispiel 1:

5 · (x + 3)    x = 2 einsetzen

5 · (**2** + 3)
= 5 · 5
= 25 ← der Termwert

Beispiel 2:

(x – 8) · 7    x = –3 einsetzen

(**–3** – 8) · 7
= –11 · 7
= –77 ← der Termwert

**Merke:**

die Vorrangregeln:

1. Klammern immer zuerst ausrechnen
2. Punkt vor Strich rechnen
3. von links nach rechts rechnen

## der **Rechenbaum**

### Anfänger

Beispiel:

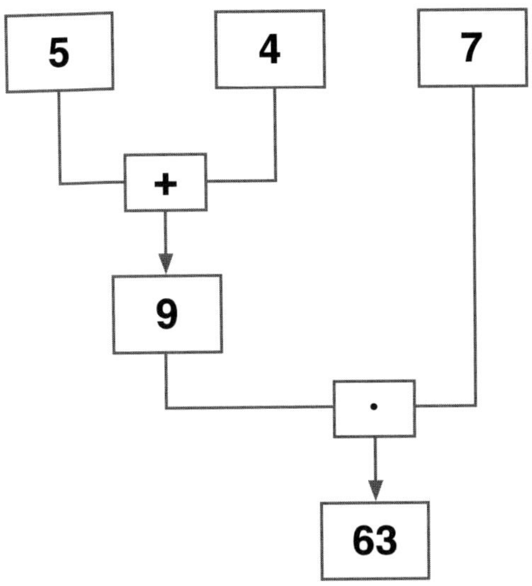


### Profi

Ein **Rechenbaum** beschreibt, wie ein Term aufgebaut ist (die Struktur eines Terms).

Die zuletzt ausgeführte Rechenart gibt dem Term seinen Namen.
Im Beispiel ist der Term ein Produkt:

(5 + 4) · 7 = 63

**Merke:**

Es gelten die allgemeinen Vorrangregeln auch für die Berechnung von Termen.

- Klammern zuerst ausrechnen
- Potenzen ausrechnen
- Punkt vor Strich rechnen
- von links nach rechts rechnen

# die **gleichen Terme zusammenfassen**

## Anfänger

Zusammenfassen, was gleichartig ist:

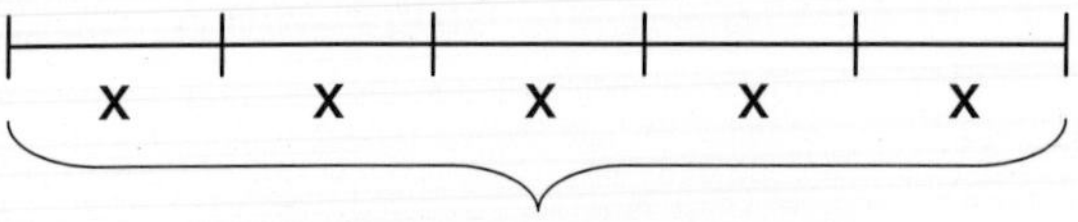


zusammengefasst: 5x

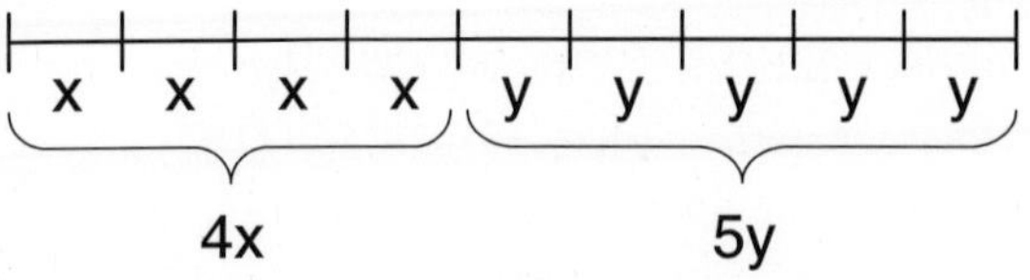


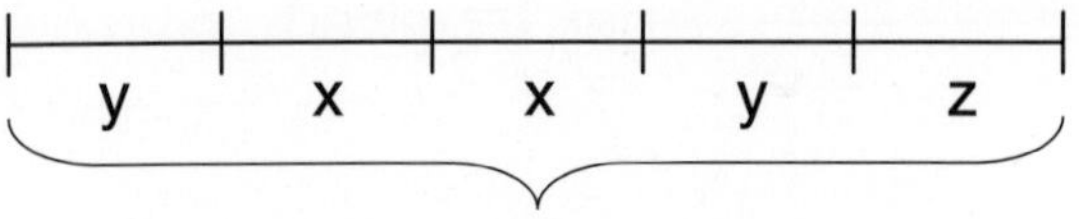


zusammengefasst: 2x + 2y + z

## Profi

Beispiel:

$$3x + 8x + 7x = 18x$$

die einzelnen Terme

Alle Terme sind **gleichartig** (**oder gleich**), weil in allen die gleiche Variable x mit der Hochzahl 1 vorkommt.

$$3x + 8x + 7x = 18x$$

der Vorfaktor

Bei gleichartigen Termen werden nur die Vorfaktoren zusammengezählt.

# die **Terme ausmultiplizieren**

## Anfänger

die Klammern auflösen:

die Zahl vor der Klammer

$\mathbf{8} \cdot (x - 3)$

$= \mathbf{8} \cdot x - \mathbf{8} \cdot 3$

$= 8x - 24$

die Zahl hinter der Klammer

$(2 + x) \cdot \mathbf{5}$

$= 2 \cdot \mathbf{5} + x \cdot \mathbf{5}$

$= 10 + 5x$

## Profi

das **Ausmultiplizieren** = alle Terme in der Klammer mit der Zahl (dem Faktor vor oder hinter der Klammer) multiplizieren

$$\mathbf{a} \cdot (b + c) = \mathbf{a} \cdot b + \mathbf{a} \cdot c$$

oder

$$(b + c) \cdot \mathbf{a} = \mathbf{a} \cdot b + \mathbf{a} \cdot c$$

**Merke:**

Statt + kann auch – stehen.

## die **Terme ausklammern**

| Anfänger | Profi |
|---|---|
| das **Ausklammern**<br><br>Beispiel:<br><br>die gemeinsame Variable<br><br>$\mathbf{3x} + \mathbf{5x}$<br><br>$= \mathbf{x} \cdot (3 + 5)$<br><br>die gemeinsame Variable wurde ausgeklammert, also vor die Klammer gesetzt | das **Ausklammern** = aus einer Summe ein Produkt machen (Faktorisieren)<br><br>Beispiel:<br><br>die einzelnen Terme auf einen **gemeinsamen Faktor** untersuchen:<br><br>der gemeinsame Faktor 8x<br><br>$\mathbf{8x}y - \mathbf{8x}$<br><br>$= \mathbf{8x} \cdot (y - 1)$<br><br>Der gemeinsame Faktor besteht hier aus einer Zahl **und** einer Variablen. |

## die **Potenz**

| Anfänger | Profi |
|---|---|
| die **Potenz** die Hochzahl<br><br>$2^3 = 2 \cdot 2 \cdot 2 = 8$<br><br>die Grundzahl<br><br>**Gesprochen**: „2 hoch 3“ | Eine **Potenz** ist ein Produkt aus gleichen Zahlen (Faktoren).<br><br>Beispiel:<br><br>$2^4 = 2 \cdot 2 \cdot 2 \cdot 2 = 32$<br><br>der Potenzwert<br><br>Die Hochzahl (= der Exponent) gibt an, wie oft die Grundzahl (= die Basis) malgenommen (multipliziert) wird.<br><br>Das Ergebnis ist der Potenzwert.<br><br>**Gesprochen:** „2 hoch 4“ |

# die **Produktsumme auflösen**

## Anfänger

**jeden Term** der 1. Klammer **mit jedem Term** in der 2. Klammer malnehmen

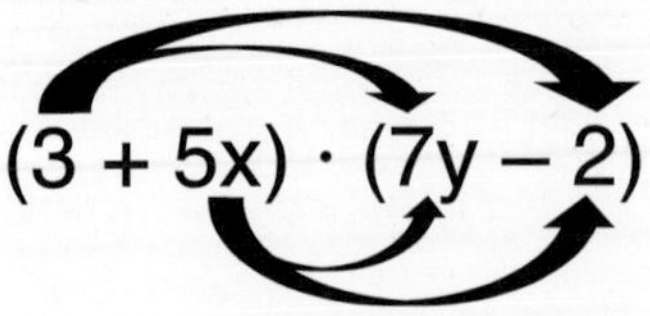

$(3 + 5x) \cdot (7y - 2)$

$= 3 \cdot 7y - 3 \cdot 2 + 5x \cdot 7y - 5x \cdot 2$

$= 21y - 6 + 35xy - 10x$

## Profi

die **Produktsumme auflösen** = zwei Klammern ausmultiplizieren, die jeweils aus einer Summe oder Differenz von Termen bestehen

**Merke:**

Das Vorzeichen jedes Produkts zuerst bestimmen:

1. gleiches Vorzeichen ergibt +
2. ungleiches Vorzeichen ergibt –

# die **Binomischen Formeln**

## Anfänger

**1. Binomische Formel**

$$(a + b)^2 = a^2 + 2ab + b^2$$

**2. Binomische Formel**

$$(a - b)^2 = a^2 - 2ab + b^2$$

**3. Binomische Formel**

$$(a + b) \cdot (a - b) = a^2 - b^2$$

## Profi

Mit den **Binomischen Formeln** kannst du eine Produktsumme schnell auflösen („vorwärts rechnen“).

Du kannst mit ihrer Hilfe auch aus einer Summe ein Produkt machen (Faktorisieren oder „rückwärts rechnen“).

Beispiel:

$a^2 - 8a + 16 = a^2 - 2 \cdot a \cdot 4 + 4^2 = (a - 4)^2$

## die **Gleichung**

| Anfänger | Profi |
|---|---|

**Anfänger**

1. Term — 2. Term

$(5+3) = (4+4)$

$8 = 8$

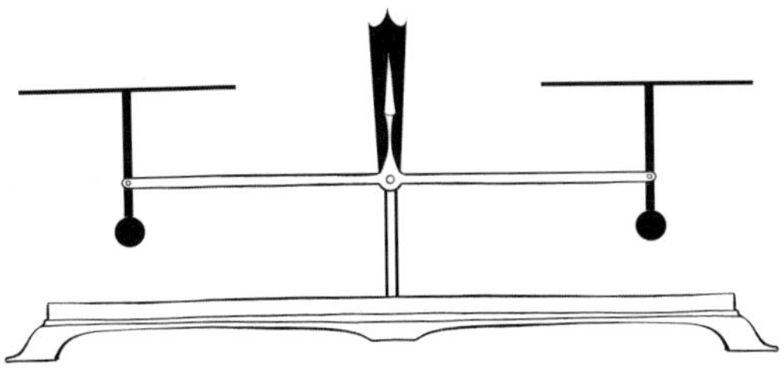

**Gesprochen:** „8 ist gleich 8.“

**Profi**

Eine **Gleichung** wird mit dem Gleichheitszeichen „=“ symbolisiert.

der erste Term (linke Seite)

$T_1 = T_2$

der zweite Term (rechte Seite)

Eine Gleichung besteht aus einer linken und rechten Seite.

Eine Gleichung ist wahr, wenn nach dem Einsetzen der Zahlen für die Variablen die Termwerte rechts und links gleich sind.

**Merke:**

Es gibt verschiedene Arten von Gleichungen.

## **wahr/falsch**

**Anfänger**

5 = 5 (**wahr**)

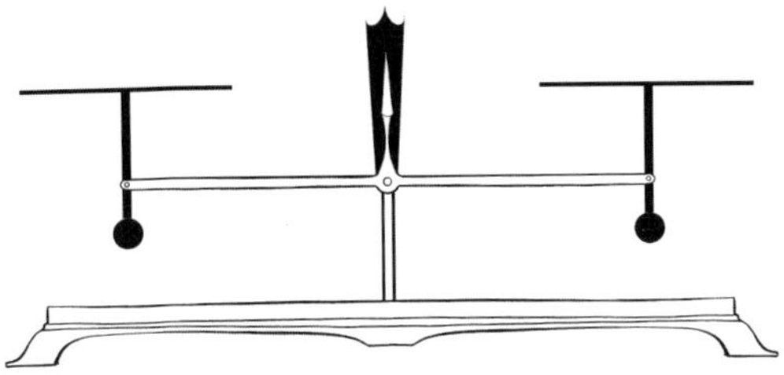

1 = 3 (**falsch**)

**Profi**

„5 ist gleich 5.“

Die Aussage stimmt, sie ist **wahr**.

„1 ist gleich 3.“

Die Aussage stimmt nicht, sie ist **falsch**.

## die **Gleichung umformen**

### Anfänger

Beispiel:

$$5\mathbf{x} - 3 = 7$$

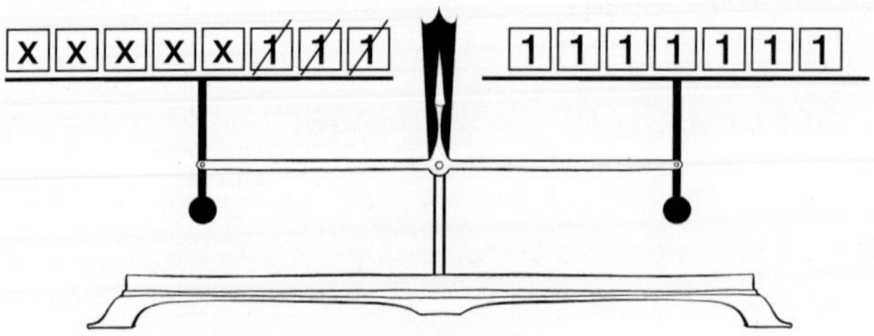


addiere auf beiden Seiten 3

$$5\mathbf{x} - 3 + 3 = 7 + 3$$

fasse zusammen

$$5\mathbf{x} = 10$$

teile beide Seiten durch 5

$$\mathbf{x} = 2$$

Das ist die Lösung der Gleichung!

### Profi

die **Äquivalenzumformung** =
die Gleichung umformen

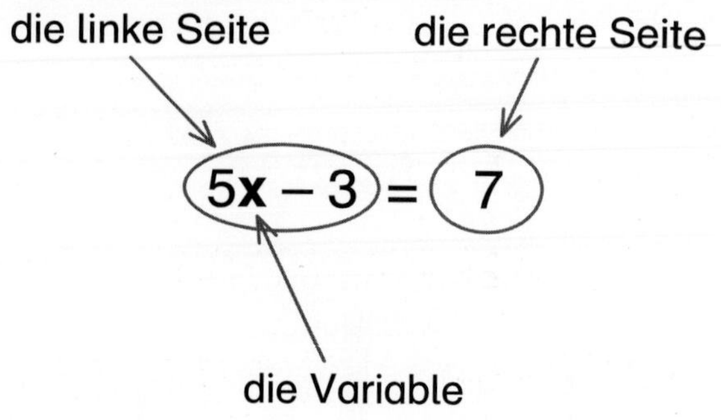


Ziel:

Den Wert für die Variable x bestimmen.

## die **Gleichung lösen**

### Anfänger

Beispiel 1:

$$\begin{aligned} 5x - 3 &= 7 && \mid +3 \\ 5x - 3 + 3 &= 7 + 3 && \\ 5x &= 10 && \mid :5 \\ x &= 2 && \end{aligned}$$

Die Lösungsmenge: $\mathbb{L} = \{2\}$

Beispiel 2:

$$\begin{aligned} 8x + 5 &= 2x + 17 && \mid -5 \\ 8x + 5 - 5 &= 2x + 17 - 5 && \\ 8x &= 2x + 12 && \mid -2x \\ 6x &= 12 && \mid :6 \\ x &= 2 && \end{aligned}$$

Die Lösungsmenge: $\mathbb{L} = \{2\}$

### Profi

eine **Gleichung umformen**
= auf **beiden** Seiten

- addieren oder subtrahieren
- multiplizieren oder dividieren
  → du darfst nicht durch 0 teilen

der Strich I bedeutet: „rechne auf beiden Seiten dasselbe", z. B. bedeutet

I +3 auf beiden Seiten 3 addieren

Das Ergebnis wird als Lösungsmenge angegeben, z. B. $\mathbb{L} = \{2\}$.

# die **Ungleichung**

## Anfänger

Beispiele:

das Vergleichszeichen

$$x - 4 < 8$$

$$x + 15 > 20$$

$$-2x - 11 \leq 30$$

$$3x + 1 + 2x \geq -5$$

das Vergleichszeichen

## Profi

**Ungleichungen** bestehen aus zwei Termen und sind mit den folgenden Vergleichszeichen verbunden:

$<$; $>$; $\leq$ oder $\geq$

Setze für die Variablen Zahlen ein und du erhältst eine wahre oder falsche Aussage.

Die Bedeutung der Vergleichszeichen:

| | |
|---|---|
| $x < 2$ | x ist kleiner als 2. |
| $x > 2$ | x ist größer als 2. |
| $x \leq 2$ | x ist kleiner als oder gleich 2; x ist höchstens 2. |
| $x \geq 2$ | x ist größer als oder gleich 2; x ist mindestens 2. |

# die **Ungleichung lösen**

## Anfänger

Beispiel für eine Lösung:

addiere auf beiden Seiten 12

$$-2x - 12 \leq 30$$

fasse zusammen

$$-2x - 12 + 12 \leq 30 + 12$$

teile beide Seiten durch –2

$$-2x \leq 42$$

$$x \geq -21$$

## Profi

Eine **Ungleichung** wird wie eine Gleichung gelöst, aber:

**Merke:**

Bei **Punktrechnung** mit einer **negativen Zahl** dreht sich das Vergleichszeichen um.

## der **Grundwert**

### Anfänger

das Ergebnis einer Wahl:

| | | |
|---|---|---|
| **Jan:** 10 Stimmen | **Luka:** 6 Stimmen | **Evi:** 4 Stimmen |

der **Grundwert** = 20 Stimmen

### Profi

Der **Grundwert** ist immer das Ganze.

Er entspricht 100%.

Der Grundwert wird mit **G** abgekürzt.

## der **Prozentwert**

### Anfänger

das Ergebnis einer Wahl:

| | | |
|---|---|---|
| **Jan:** 10 Stimmen | **Luka:** 6 Stimmen | **Evi:** 4 Stimmen |

Der **Prozentwert**:

Jan: 10

Luka: 6

Evi: 4

### Profi

Der **Prozentwert** gibt den Teil vom Ganzen an.

Der Prozentwert wird mit **P** abgekürzt.

Beispiel:

20 Stimmabgaben.
Jan erhält 10 Stimmen.
P = 10 Stimmen.

## der **Prozentsatz**

### Anfänger

das Ergebnis einer Wahl:

| | | |
|---|---|---|
| **Jan:** 50 % | **Luka:** 30 % | **Evi:** 20 % |

Der **Prozentsatz**:

Jan: 50 %

Luka: 30 %

Evi: 20 %

### Profi

Der **Prozentsatz** gibt den Anteil vom Ganzen an.

Der Prozentsatz wird mit p % abgekürzt.

Beispiel:

20 Stimmabgaben.
Jan erhält 10 Stimmen.

$p\,\% = \frac{10}{20} = \frac{1}{2} = 0{,}5 = 50\,\%$

Jan erhält 50 % der abgegebenen Stimmen.

## der **vermehrte Grundwert**

### Anfänger

| | |
|---|---|
| | Erhöhung |
| Grundwert 100 % | 19 % |
| **vermehrter Grundwert: 119 %** | |

Beispiel:

Ein Fahrradhelm kostet ohne die Erhöhung durch die Mehrwertsteuer 40 € (Nettopreis = Grundwert = 100 %).

Die Mehrwertsteuer beträgt 19 % von 40 €, das sind 7,60 €.

Deshalb muss Sabine im Fahrradladen 47,60 € (Bruttopreis = vermehrter Grundwert = 119 %) für den Helm bezahlen.

### Profi

Ein bestimmter Prozentsatz wird auf den Grundwert aufgeschlagen.

Dies führt zu einem **vermehrten Grundwert**.

Beispiel:

Nettopreis (= Grundwert): 60 €
Erhöhung um die Mehrwertsteuer von 19 %, das sind 11,40 €.
Der Verkaufspreis (= Bruttopreis = vermehrter Grundwert) beträgt
60 € + 11,40 € = 71,40 €.

**Merke:**

Der vermehrte Grundwert kann auch aus dem Grundwert und dem erhöhten Prozentsatz 100 % + 19 % = 119 % berechnet werden:

119 % von 60 € sind 71,40 €.

## der **verminderte Grundwert**

| Anfänger | Profi |
|---|---|
| 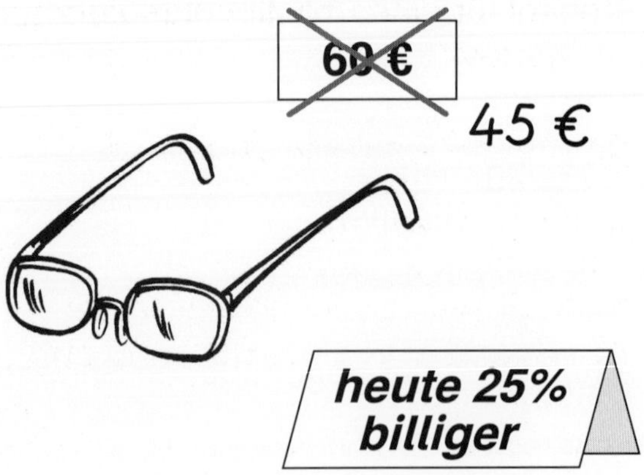 | Ein bestimmter Prozentsatz wird vom Grundwert abgezogen.<br>Dies führt zu einem **verminderten Grundwert**.<br><br>Beispiel:<br><br>Der Preis (= Grundwert): 60 €<br>Verminderung um 25 %, das sind 15 €.<br>Der neue Preis (= verminderter Grundwert) beträgt 45 €.<br><br>**Merke:**<br><br>Der verminderte Grundwert kann auch aus dem Grundwert und dem verminderten Prozentsatz 100 % – 25 % = 75 % berechnet werden:<br><br>75 % von 60 € sind 45,00 €. |

## das **Kapital**

| Anfänger | Profi |
|---|---|
| <br>das Kapital | Als **Kapital** bezeichnet man den Geldbetrag, den man z. B. bei einer Bank anlegt.<br><br>Für das Leihen des Geldes zahlt die Bank Zinsen.<br><br>Das Kapital wird mit **K** abgekürzt.<br><br>**Merke:**<br><br>Kapital in der Zinsrechnung<br>= Grundwert in der Prozentrechnung |

## der **Zinssatz**

| Anfänger | Profi |
|---|---|
| | |

**Zinssatz**

2 % → 4 € Zinsen

Der **Zinssatz** wird in Prozent angegeben.

Er beschreibt, wie viele Zinsen im Verhältnis zum Kapital für einen bestimmten Zeitraum gezahlt werden.

Der Zinssatz wird mit **p %** abgekürzt.

Beispiel:

Jan spart 200 € (= geliehenes Kapital).
Dafür bekommt er von der Bank 2% auf 200 € für ein Jahr.
Das sind 4 € Zinsen.

Der Zinssatz beträgt 2 %.

**Merke:**

Zinssatz in der Zinsrechnung
= Prozentsatz in der Prozentrechnung

## die **Zinsen**

| Anfänger | Profi |
|---|---|
| | |

} Zinsen

Für das Leihen des Geldes (Kapitals) zahlt die Bank **Zinsen**.

Dadurch vermehrt sich das Geld (Kapital).

Die Zinsen werden mit **Z** abgekürzt.

## der **einfache Zins**

### Anfänger

2 % Zinsen für ein Jahr ⟶ 10 € Zinsen

2 % von 500 € = $\frac{2}{100}$ von 500 € = 10 €

Für ein Jahr erhält man 10 € auf das geliehene Kapital von 500 € bei einem Zinssatz von 2 %.

### Profi

Der **einfache Zins** (= Jahreszins) ist der Geldbetrag für das geliehene Kapital. Die Zinsen werden am Ende des Jahres **ausgezahlt**.

Zinsen = Prozentsatz mal Kapital

Die Zinsen werden mit Z abgekürzt.

**Merke:**

Zinsen in der Zinsrechnung
= Prozentwert in der Prozentrechnung

## der **Zinseszins**

### Anfänger

2 % Zinsen für das erste Jahr ⟶ 4 € Zinsen ⟶ (nach einem weiteren Jahr) 4,08 € Zinsen

Dies bedeutet 0,08 € **Zinseszins** für das zweite Jahr, denn 8 Cent sind 2 % Zinsen auf die geliehenen 4 €.

Nach zwei Jahren sind es insgesamt 8,08 € Zinsen.

### Profi

Wenn die Zinsen am Ende des Jahres **nicht ausgezahlt** werden und auf dem Sparkonto bleiben, werden sie mit dem Kapital im nächsten Jahr mitverzinst.

Die Zinsen auf die Zinsen des Vorjahres heißen **Zinseszinsen**.

# der **Körper**

| Anfänger | Profi |
|---|---|
| Beispiele für **Körper**: 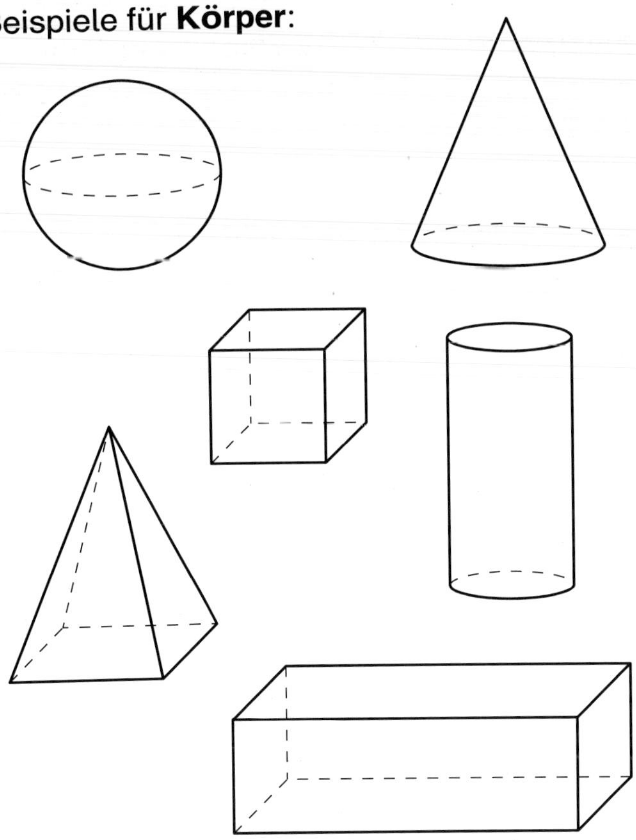 | Ein **Körper** hat drei Dimensionen<br>■ eine Länge<br>■ eine Breite<br>■ eine Höhe<br><br>Jeder Körper besitzt besondere Eigenschaften. Körper unterscheiden sich zum Beispiel in der Form und Anzahl der Seitenflächen, in der Anzahl der Kanten und Ecken, in ihren Kantenlängen oder Winkeln.<br><br>Das Volumen ist die Größe des Raums, den ein Körper einnimmt.<br><br>Der Oberflächeninhalt eines Körpers kann man mit dem Körpernetz berechnen. Er ist die Summe aller Flächeninhalte. |

# die **Körperhöhe**

| Anfänger | Profi |
|---|---|
| die **Höhe** einer Pyramide<br>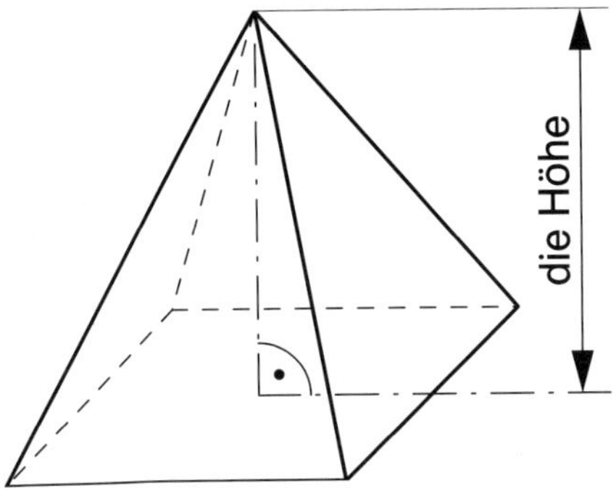<br><br><br>die **Höhe** eines geraden Prismas:<br>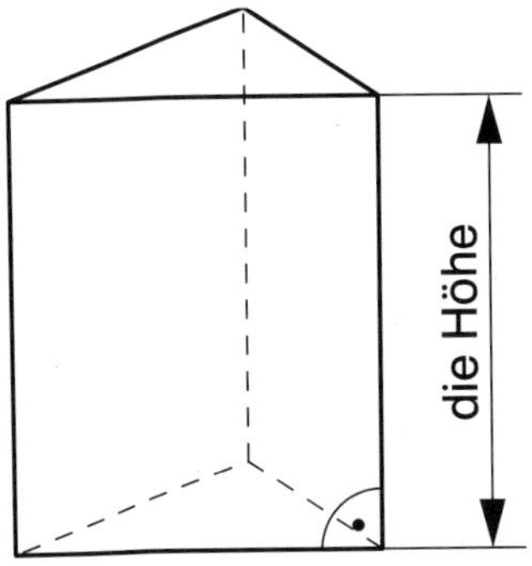<br> | die **Körperhöhe** = die Länge einer Senkrechten (das Lot) auf eine Grundfläche<br><br>Ein Körper hat drei Dimensionen:<br>■ eine Länge<br>■ eine Breite (= Tiefe)<br>■ eine Höhe<br><br>Die Höhe wird benötigt, um z. B. das Volumen eines Körpers zu bestimmen. |

## das **Prisma**

| Anfänger | Profi |
|---|---|
| 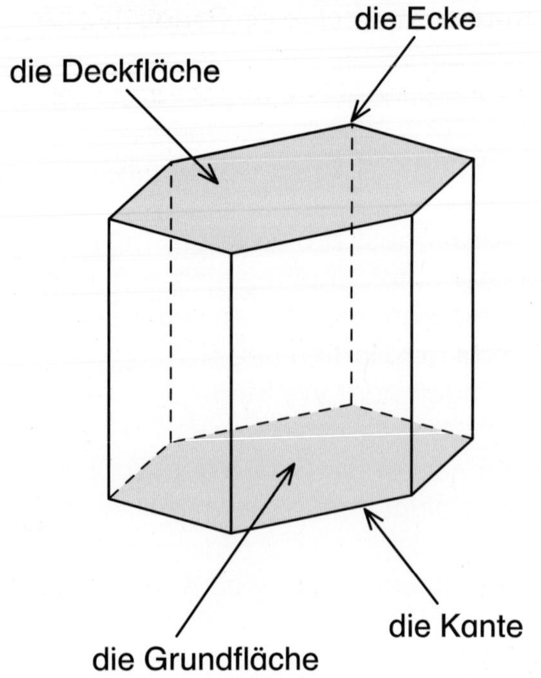 <br>Grund- und Deckfläche sind deckungsgleich. | das **Prisma** = ein besonderer Körper<br><br>Grund- und Deckfläche sind zueinander kongruent.<br><br>Die Grundfläche besteht aus einem n-Eck.<br><br>Beispiele für n-Ecke:<br>Dreiecke, Vierecke, Fünfecke, …<br><br>das **gerade Prisma**: Grund- und Deckfläche sind mit parallelen Kanten verbunden<br><br>Weitere Beispiele:<br>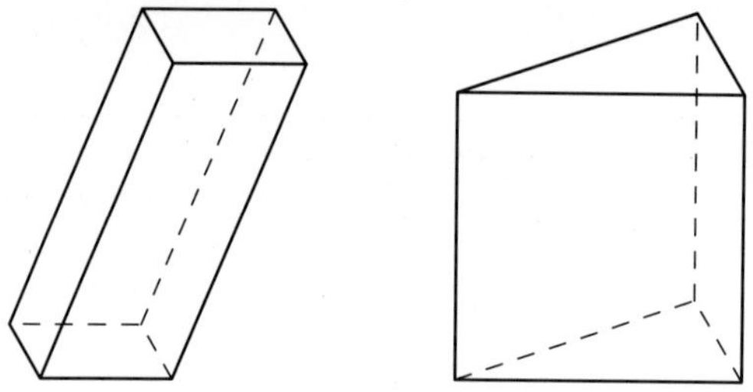 |

## die **Pyramide**

| Anfänger | Profi |
|---|---|
| die **Pyramide**<br>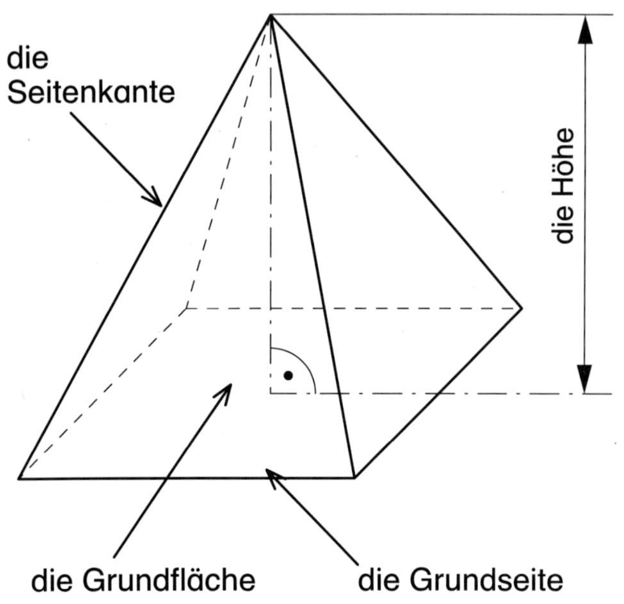  | die **Pyramide** = ein Körper mit einer Grundfläche, einer Spitze und dreieckigen Seitenflächen<br><br>Die Grundfläche ist zum Beispiel ein Drei-, Vier-, Fünf- oder Sechseck.<br><br>die **gerade Pyramide**: die Spitze ist senkrecht über dem Mittelpunkt der Grundfläche<br>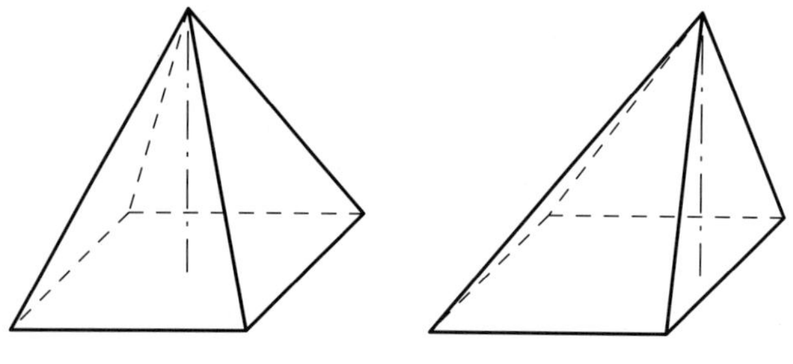<br>gerade Pyramide schiefe Pyramide |

## die **Grundfläche**

### Anfänger

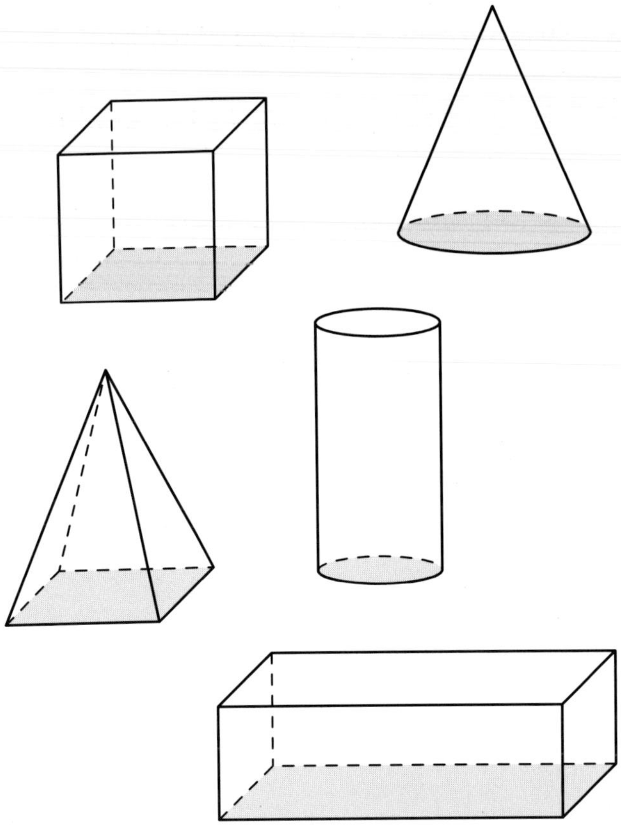

### Profi

Viele Körper besitzen eine **Grundfläche**.

Diese Fläche findest du meistens „unten“.

Der Körper „steht“ auf dieser Fläche.

**Merke:**

Eine Kugel besitzt keine Grundfläche.

## die **Mantelfläche**

### Anfänger

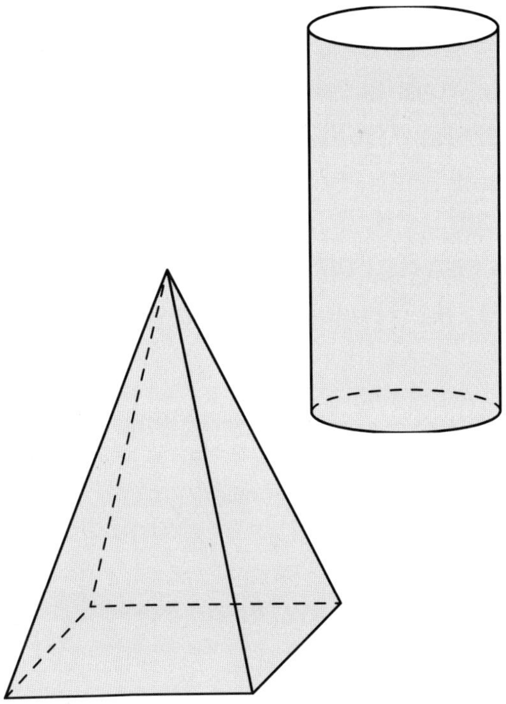

### Profi

Die **Mantelfläche** = die Oberfläche eines Körpers, ohne Grund- und Deckfläche

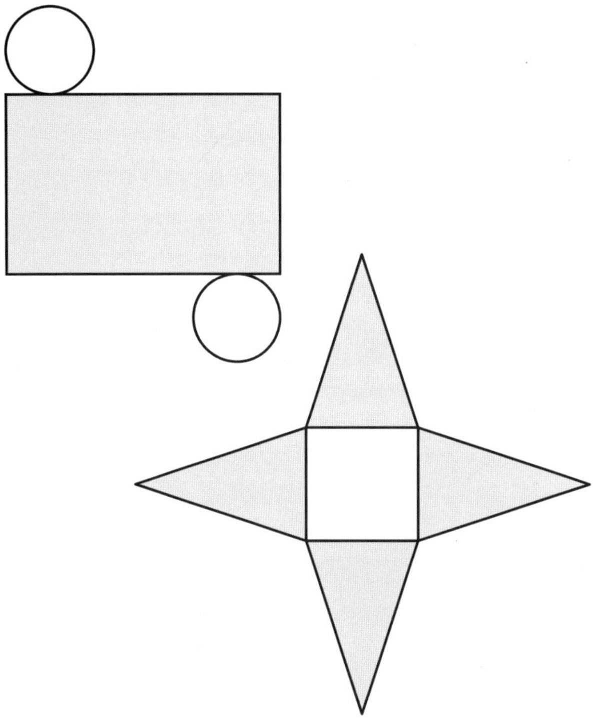

# das **Körpernetz**

| Anfänger | Profi |
|---|---|

## Anfänger

Beispiel:

der Würfel

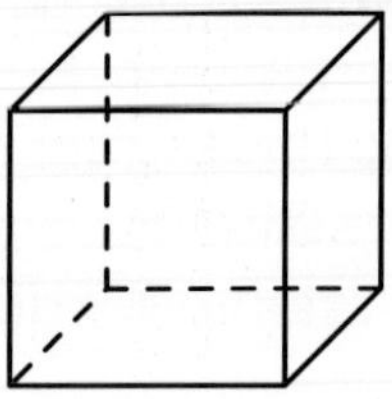

das **Würfelnetz**

aufklappen

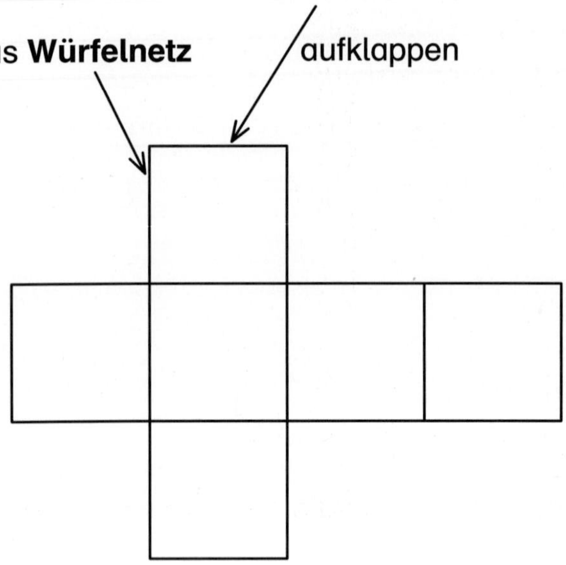

## Profi

das **Körpernetz** = man wickelt einen geometrischen Körper entlang seiner Flächen ab

**Merke:** Körper kann man oft unterschiedlich abwickeln.

Beispiel:

Körpernetze für einen Würfel

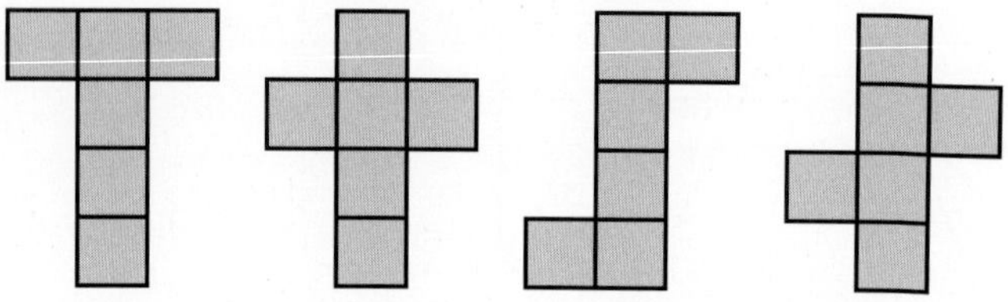

Den Oberflächeninhalt O eines Körpers kann man mithilfe seines Körpernetzes berechnen. Er ist die Summe aller Flächeninhalte.

# die **Körperansichten**

## Anfänger

**seitliche Ansicht:**

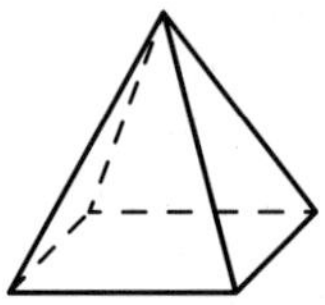

**von vorne:**

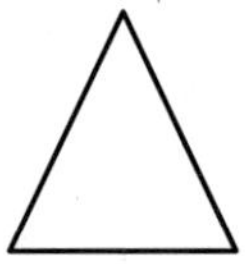

**von unten:**

**von oben:**

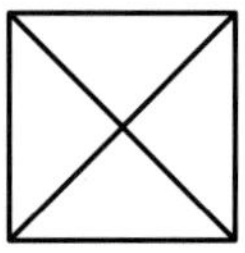

## Profi

Körper können aus unterschiedlichen Blickwinkeln betrachtet werden.

Es gibt verschiedene **Ansichten**:

- von vorne (Vorderansicht)
- von der Seite (Schrägbild oder Seitenansicht)
- von oben (Draufsicht)
- von unten (Froschperspektive)

# der **Umfang**

## Anfänger

Beispiele:

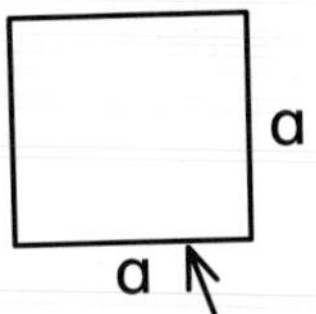


der **Umfang**
des Quadrates:
$4 \cdot 3$ cm = 12 cm

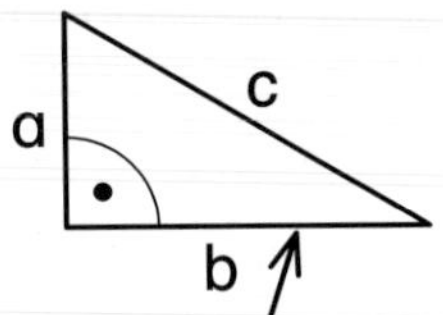


der **Umfang** des
Dreiecks:
3 cm + 4 cm + 5 cm
= 12 cm

der Umfang des Rechtecks
= 60 m + 20 m + 60 m + 20 m = 160 m

## Profi

Eine Figur wird häufig durch Linien begrenzt.

der **Umfang U** = die gesamte Länge der Begrenzungslinien

Vereinfacht:
Die Streckenlängen um eine Figur herum ergeben den Umfang.

Oder:

Alle Seitenlängen addiert, ergeben den Umfang.

Beispiele:

Umfang des Rechtecks mit den Seitenlängen a, b:
$U = a + b + a + b = 2a + 2b$

Umfang des Quadrats mit der Seitenlänge a:
$U = 4a$

# die **Längeneinheiten umrechnen**

## Anfänger

**Merke:**
1 km = 1 000 m
1 m = 10 dm
1 dm = 10 cm
1 cm = 10 mm

Beispiel:

Der Schlüssel ist 5,6 cm breit.
Das sind 56 mm.

5,6 cm = 56 mm

## Profi

| | $\cdot$ 1 000 → | | $\cdot$ 10 → | | $\cdot$ 10 → | | $\cdot$ 10 → | |
|---|---|---|---|---|---|---|---|---|
| km | | m | | dm | | cm | | mm |
| | ← : 1 000 | | ← : 10 | | ← : 10 | | ← : 10 | |

**Merke:**

→ Von groß zu klein: Die Zahl wird größer.

← Von klein zu groß: Die Zahl wird kleiner.

Beispiele:

$\cdot$ 10 →
1,87 m = 18,7 dm

← : 10
18,7 dm = 187 cm

## die **Flächeneinheiten umrechnen**

### Anfänger

**Merke:**
1 cm² = 100 mm²
1 m² = 100 dm²

Beispiel:

Ein Tafelflügel ist 1 m² groß.
Das sind 100 dm².

1 m² = 100 dm²

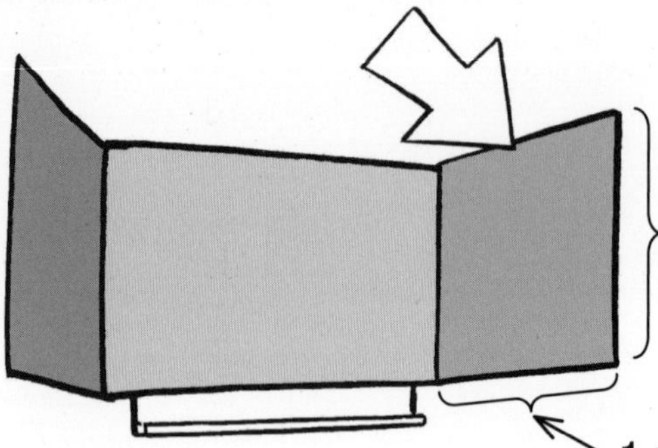


### Profi

$km^2 \xrightarrow{\cdot 1\,000\,000} m^2 \xrightarrow{\cdot 100} dm^2 \xrightarrow{\cdot 100} cm^2 \xrightarrow{\cdot 100} mm^2$

$km^2 \xleftarrow{:1\,000\,000} m^2 \xleftarrow{:100} dm^2 \xleftarrow{:100} cm^2 \xleftarrow{:100} mm^2$

**Merke:**

→ Von groß zu klein: Zahl wird größer.

← Von klein zu groß: Zahl wird kleiner.

Beispiele:

$\xrightarrow{\cdot 100}$
1 cm² = 100 mm²

$\xleftarrow{:10\,000}$
0,0001 m² = 1 cm²

Weitere Flächeneinheiten:
1 ha = 100 a = 10 000 m²

## die **Volumeneinheiten umrechnen**

### Anfänger

1 l = 1 000 ml
1 l = 1 dm³ = 1 000 cm³
1 m³ = 1 000 dm³ = 1 000 000 cm³

Beispiele:
Ein Würfelzucker hat ein Volumen von 1 cm³. Das sind 1 000 mm³.

1 cm³ = 1 000 mm³

Ein Tetrapak Milch hat ein Volumen von 1 000 cm³.
Das sind 1 l.

### Profi

$m^3 \xrightarrow{\cdot 1\,000} dm^3\,(l) \xrightarrow{\cdot 1\,000} cm^3\,(ml) \xrightarrow{\cdot 1\,000} mm^3$

$m^3 \xleftarrow{:1\,000} dm^3\,(l) \xleftarrow{:1\,000} cm^3\,(ml) \xleftarrow{:1\,000} mm^3$

**Merke:**

→ Von groß zu klein: Zahl wird größer.

← Von klein zu groß: Zahl wird kleiner.

Beispiele:

$\xrightarrow{\cdot 1\,000}$
1 cm³ = 1 000 mm³

$\xleftarrow{:1\,000\,000}$
0,000001 m³ = 1 cm³

# das **Verhältnis**

## Anfänger

das **Verhältnis**

**1 : 2**

**Gesprochen:** „1 zu 2“

## Profi

Das **Verhältnis** vergleicht die Größe zweier Mengen oder Maße.

Das Verhältnis 1 : 2 bedeutet zum Beispiel: Pro Banane gibt es 2 Äpfel.

| **1 : 2** | |
|---|---|
| **Bananen** | **Äpfel** |
| 1 | 2 |
| 2 | 4 |
| 3 | 6 |
| 4 | 8 |
| 5 | 10 |
| ... | ... |

# der **Maßstab**

## Anfänger

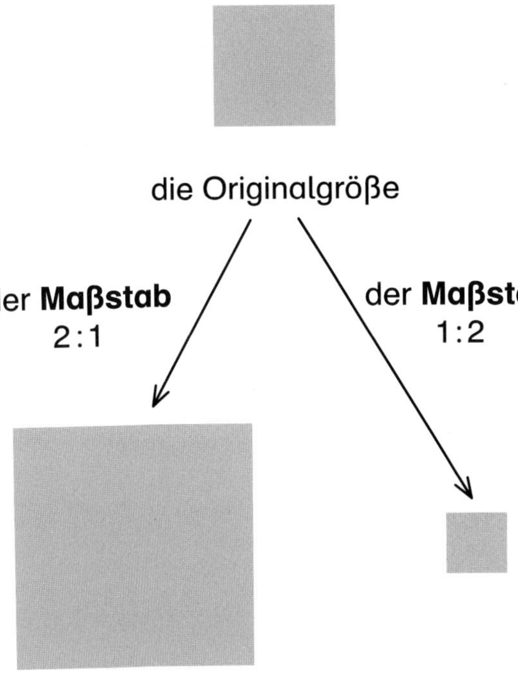


## Profi

der **Maßstab** = gibt ein Verhältnis an

Beispiel:

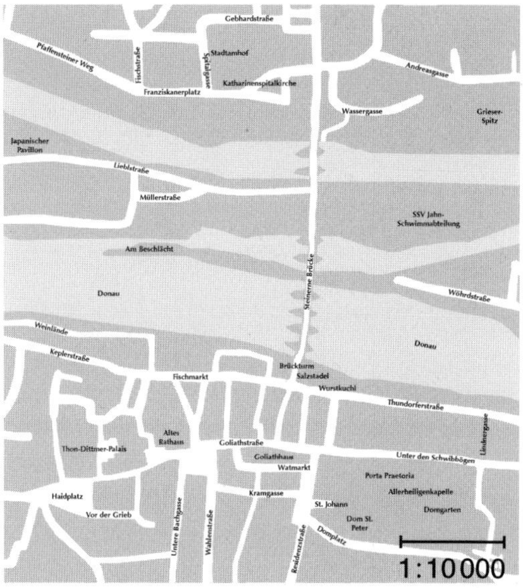


Maßstab 1 : 10 000 = 1 cm im Plan entspricht 10 000 cm = 100 m in Wirklichkeit

**Gesprochen:** „1 zu 10 000“

# der **Funktionsgraph**

## Anfänger

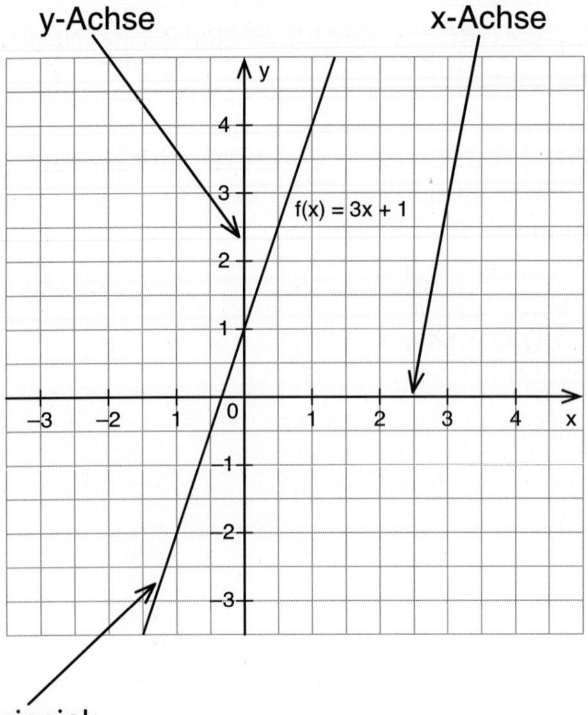


Beispiel:

eine Gerade als zeichnerische Darstellung einer Funktion

## Profi

Ein **Funktionsgraph** sind alle Punkte P(x | y), die zu einer Funktion gehören.

Der Graph (das Schaubild) wird in ein Koordinatensystem gezeichnet.

Bei einer Funktion ist der y-Wert jedes Punktes P(x | y) durch die **Funktionsgleichung**

$$\mathbf{y = f(x)}$$

festgelegt.

Mithilfe einer **Wertetabelle** können ausgewählte Punkte berechnet werden.

Häufig verbindet man die Punkte miteinander zu einem Graphen.

# die **Funktionsgleichung**

## Anfänger

$y = f(x) = x + 3$

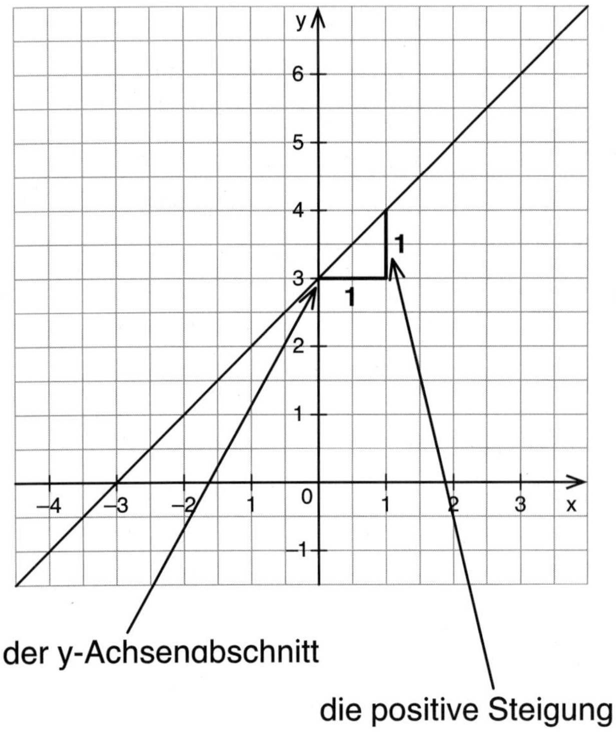


## Profi

Die Funktionsgleichung **y = f(x)** beschreibt, wie man für **jeden x-Wert** den **zugehörigen y-Wert** berechnet.

x-Wert und y-Wert sind die Koordinaten eines Punktes P(x | y) des **Funktionsgraphen**.

Für das Zeichnen einer Gerade benötigt man zwei Punkte.

Um eine **Funktionsgleichung für eine Gerade** aufzustellen, benötigt man

- die Koordinaten von zwei Punkten oder
- die Steigung der Geraden und einen Punkt/bzw. den y-Achsenabschnitt

## die **Wertetabelle**

### Anfänger

$y = f(x) = 2 \cdot x + 1$

die Vorschrift zur Berechnung der y-Werte

| x | y = f(x) |
|---|---|
| –2 | –3 |
| –1 | –1 |
| 0 | 1 |
| 1 | 3 |
| 2 | 5 |

die **Wertetabelle** der Funktion f

### Profi

Mithilfe einer **Wertetabelle** lässt sich der Graph einer Funktion zeichnen.

Man setzt in die Funktionsgleichung verschiedene Werte für x ein und berechnet den jeweiligen y-Wert.

Beispiel für $x = -2$:

$y = 2 \cdot (-2) + 1$
$y = -4 + 1$
$y = -3$

Beispiel für $x = 0$:

$y = 2 \cdot (0) + 1$
$y = 1$

Beispiel für $x = 1$

$y = 2 \cdot (1) + 1$
$y = 2 + 1$
$y = 3$

## die **Steigung**

### Anfänger

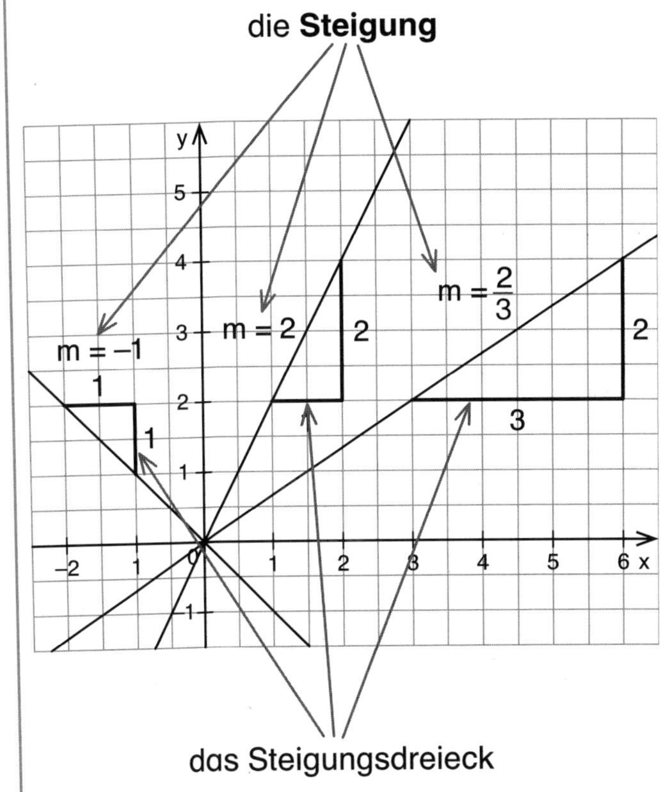


### Profi

Die **Steigung** zeigt an, wie steil der Graph einer Funktion ansteigt oder abfällt.

$$\mathbf{f(x) = m \cdot x}$$

Die Steigung ermitteln:

- rechnerisch aus zwei bekannten Punkten $A(x_A | y_A)$ und $B(x_B | y_B)$:

  $m = \frac{y_B - y_A}{x_A - x_B}$

- zeichnerisch: wie links dargestellt

**Merke:**

Für $m = 0$ verläuft die Gerade parallel zur x-Achse.

Für $m > 0$ steigt die Gerade.

Für $m < 0$ fällt die Gerade.

## die **Schnittpunkte mit den Achsen**

| Anfänger | Profi |
|---|---|

### Anfänger

$y = f(x) = 0{,}5\,x + 1$

Schnittpunkt mit der y-Achse (0|1)

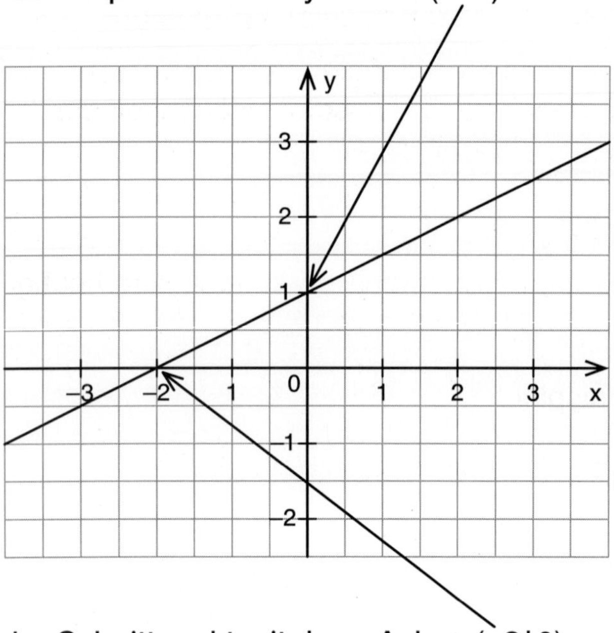


der Schnittpunkt mit der x-Achse (–2|0)

### Profi

Beispiel:

Schnittpunkt mit y-Achse: (0|**1**)
**1** heißt **„y-Achsenabschnitt“**.
Der x-Wert ist immer Null.

Schnittpunkt mit x-Achse: (**–2**|0)
**0** heißt **Nullstelle**. Der y-Wert ist immer Null.

Aus der Funktionsgleichung lässt sich der y-Achsenabschnitt (und der Schnittpunkt mit der y-Achse) ablesen:

$$f(x) = 0{,}5 \cdot x + 1$$

Die Nullstelle kann man berechnen:

$$f(x) = 0$$
$$0{,}5\,x + 1 = 0$$
$$0{,}5\,x = -1$$
$$x = -2$$

## die **lineare Funktion**

### Anfänger

Beispiel:

$y = f(x) = 0{,}5\,x + 1$

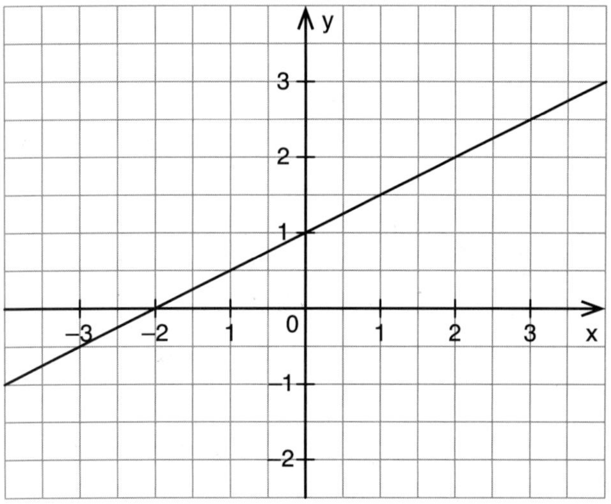


### Profi

Jede **lineare Funktion** hat die Gleichung:

$$\mathbf{f(x) = m \cdot x + b}$$

die Steigung (→ m)

der y-Achsenabschnitt (→ b)

Beispiel:

Aus der Funktionsgleichung

$$f(x) = \mathbf{0{,}5}\,x + \mathbf{1}$$

lässt sich der y-Achsenabschnitt **1** und die positive Steigung **0,5** ablesen.

**Merke:**

Der Funktionsgraph einer linearen Funktion ist eine Gerade, die steigt, fällt oder waagrecht verläuft.

## die **absolute Häufigkeit**

### Anfänger

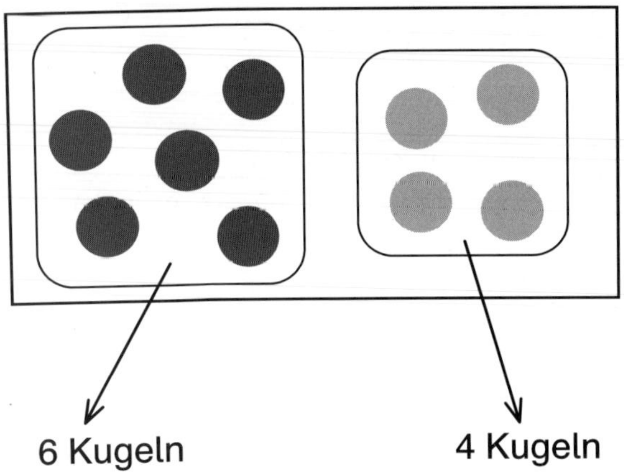


### Profi

Die **absolute Häufigkeit** gibt an, wie häufig ein bestimmtes Ergebnis vorkommt.

Beispiel:

Die absolute Häufigkeit der schwarzen Kugeln ist 6. Die absolute Häufigkeit der grauen Kugeln ist 4.

**Merke:**

Wie oft ein Ergebnis vorkommt, wird häufig in Strichlisten festgehalten.

Beispiel:

𝍸 || = 7 = absolute Häufigkeit

## die **relative Häufigkeit**

### Anfänger

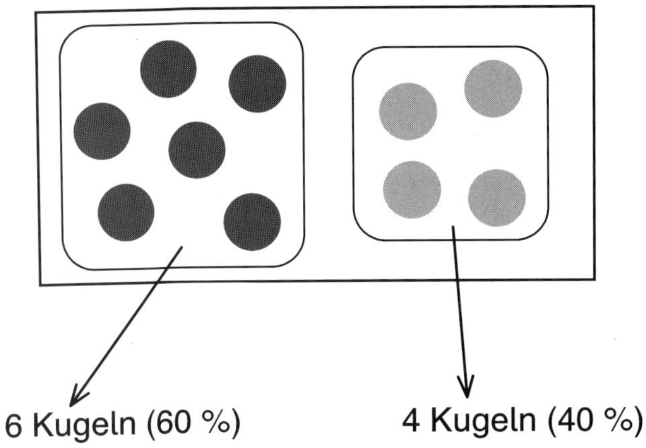


### Profi

Die **relative Häufigkeit** gibt das Verhältnis der Anzahl eines bestimmten Ergebnisses zur Gesamtzahl aller Ergebnisse an.

$$\textbf{relative Häufigkeit} = \frac{\textbf{absolute Häufigkeit}}{\textbf{Gesamtzahl aller Ergebnisse}}$$

Beispiel:

Die Gesamtzahl aller Ergebnisse: 10 Kugeln

Die relative Häufigkeit:

schwarz: $\frac{6}{20} = 0{,}6 = 60\ \%$

grau: $\frac{4}{20} = 0{,}4 = 40\ \%$

# das **Diagramm**

## Anfänger

das **Diagramm**

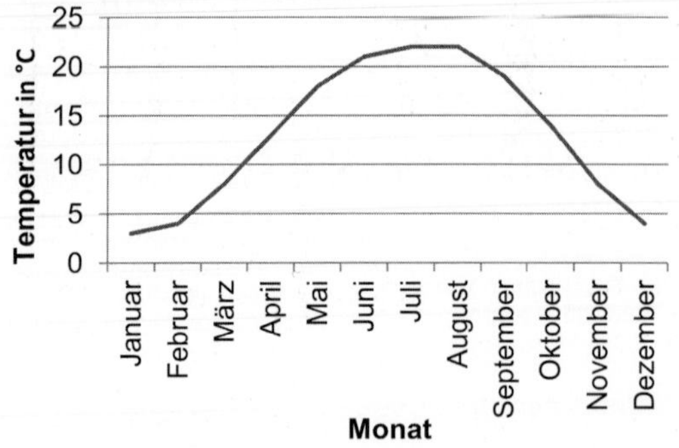


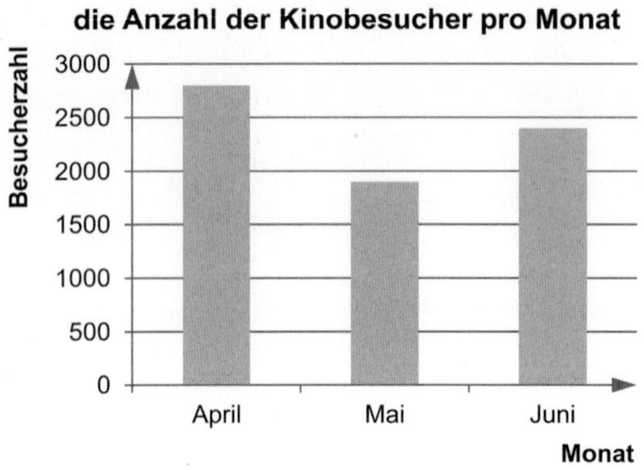


## Profi

das **Diagramm** = die graphische Darstellung von Daten

Sie verdeutlichen Zusammenhänge, Aufteilungen, Zuordnungen.

Es gibt verschiedene Arten von Diagrammen:

- Mengendiagramm
- Streifendiagramm
- Liniendiagramm
- Säulendiagramm
- Balkendiagramm
- Kreisdiagramm

# das **Streifendiagramm**

## Anfänger

Beispiel:

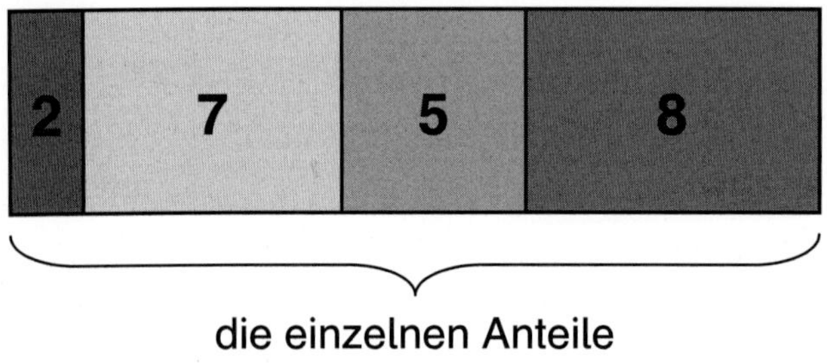


## Profi

Ein **Streifendiagramm** wird auch Prozentstreifen genannt.

In einem Streifendiagramm werden Daten als Anteil von einem Ganzen dargestellt.

Beispiel:

Das Ganze: 2 + 7 + 5 + 8 = 22

Die einzelnen Anteile: 2, 7, 5, 8

# das **Säulendiagramm**

## Anfänger

das **Säulendiagramm**

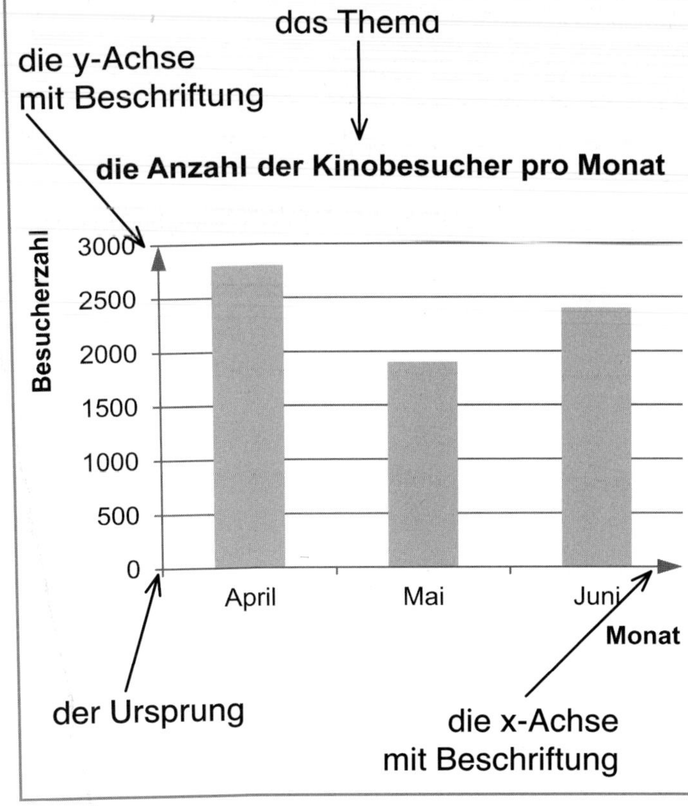


## Profi

Mit einem **Säulendiagramm** kann man Anzahlen (absolute Werte) darstellen.

Beispiel:

Wie groß ist die Anzahl der Kinobesucher pro Monat?

Auf der x-Achse stehen die einzelnen Monate.

Die y-Achse stellt die Anzahl der Besucher dar.

Weitere Beispiele:

- Anzahl der Elfjährigen mit einer bestimmten Körpergröße
- Anzahl der Ehrenurkunden pro Klasse

# das **Kreisdiagramm**

## Anfänger

das **Kreisdiagramm**

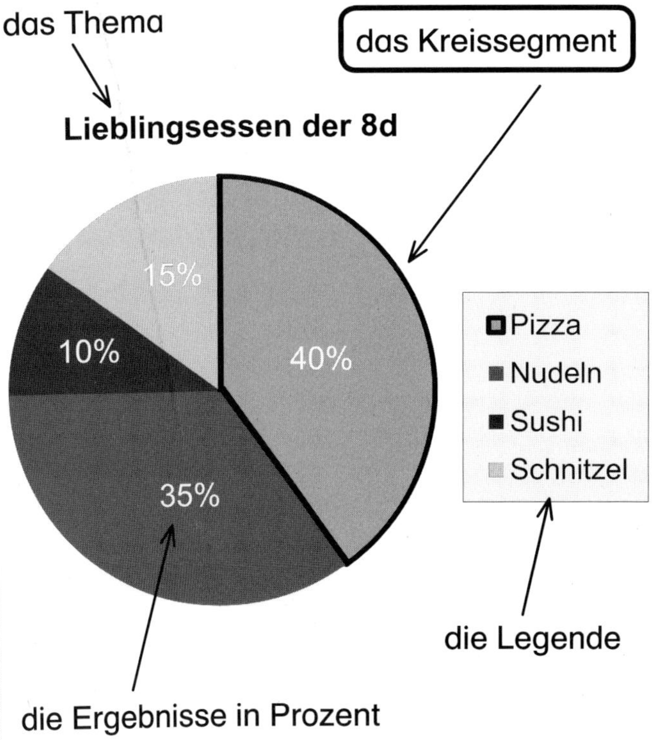


## Profi

In einem **Kreisdiagramm** werden Größen anteilig (in Prozent) dargestellt.
Sie stehen immer im Verhältnis zueinander.

Beispiel: Die Verteilung von Lieblingsessen in der 8 d

- 8 Kinder (40 %) essen am liebsten Pizza,
- 7 Kinder (35 %) Nudeln,
- 3 Kinder (15 %) Schnitzel und
- 2 Kinder (10 %) Sushi.

Je mehr Kinder das Gericht wählen, desto größer ist das Kreissegment.

Weitere Beispiele:

- das Ergebnis einer Wahl
- die Verteilung von Noten bei einer Klassenarbeit

## der **Mittelwert**

### Anfänger

| Tage | Verdienst |
|---|---|
| 1 | 20 € |
| 2 | 50 € |

der durchschnittliche Verdienst in zwei Tagen:

(20 € + 50 €) : 2 = 35 €

### Profi

der **Mittelwert** = der Durchschnitt = das arithmetische Mittel

$$\text{Mittelwert} = \frac{\text{Summe aller Daten}}{\text{Anzahl der Daten}}$$

## der **Median**

### Anfänger

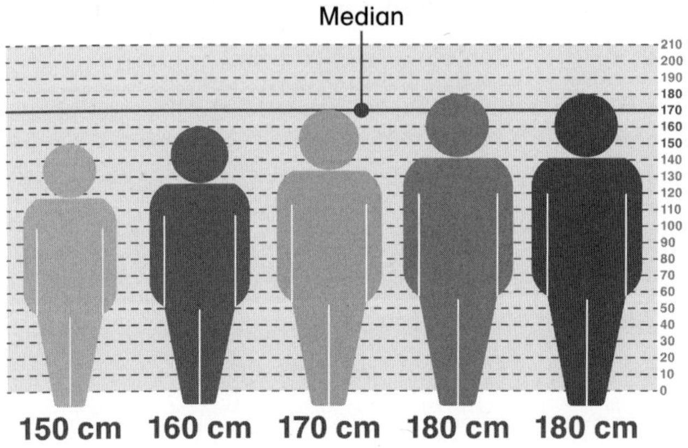


der Wert in der Mitte einer Liste: 170 cm

### Profi

der **Median** = der Zentralwert
= der Wert in der Mitte einer aufsteigend sortierten Rangliste

**Merke:**

Wenn es keine mittlere Zahl gibt, wird der Mittelwert der beiden benachbarten Zahlen gebildet.

Beispiel:

Liste: 1, 2, 5, 7, 10, 12

Median = (5 + 7) : 2 = 6